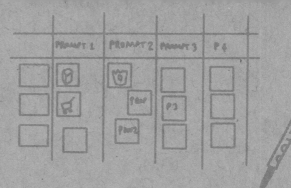

著者 クルシャット・オゼンチ＋マーガレット・ヘイガン　訳者 齋藤慎子

Rituals for Work

50 Ways to Create Engagement, Shared Purpose and a Culture that Can Adapt to Change

「儀式」で
職場が変わる

働き方をデザインする
ちょっとヘンな50のアイデア

英治出版

家族のみんな
そして
アリエ、メフメット、サルジャン
に捧ぐ。

RITUALS FOR WORK

50 Ways to Create Engagement, Shared Purpose and a Culture that Can Adapt to Change

「儀式」で職場が変わる

目次

第3部
儀式を自分たちでデザインする

編集部注

職場文化〔ワークカルチャー〕は、職場やチームの日々の環境、雰囲気、コミュニケーションのスタイルを指すことばとして使用しています。リモート環境下のチームの連携なども含みます。会社の価値観や行動様式、基本的なアイデンティティとなる「組織文化」に対して、職場文化〔ワークカルチャー〕は日々の作業環境やチームメンバーの関係性を反映しているものです。

デザインは、商品やサービスのデザインに限らず、組織や場づくりなどのデザインも含める広義の意味で使用しています。

訳注は本文中に〔 〕で示しました。

儀式の目的一覧

個人

第3章	 クリエイティビティや イノベーション	+ 右脳を刺激する + 死にかけ（ゾンビ）企画を前に進める + さっと何かを生み出す
第4章	 パフォーマンスやフロー	+ 集中力を高める + 気が散る原因をなくし、重要な仕事に没頭する + 難しい局面において気持ちを整える + 平常心を保ち、自信を高める
第5章	 対立やレジリエンス	+ チームメンバーが衝突を回避できるようにする + 重要なフィードバック前に緊張を和らげる + 燃え尽きを予防する
第6章	 コミュニティ	+ アイデンティティを確立し、一体感を育む + メンバー同士の共感を高める + プライベートな話でつながりを深める
第7章	 変革期や転換期	+ 新メンバーを歓迎する + 新人研修修了を祝う + キャリア変更に対処する

チーム

組織

＋　水平思考を促す	＋　繰り返し起こる問題の解決策を練る
＋　「当たって砕けよ」の精神を育む	＋　制御可能なリスクを恐れずアイデア出しする
＋　活発なアイデア出しを促す	文化をつくる
＋　がんばっている人の話を聞く	＋　それぞれの特技を披露する

＋　集中する	＋　チームのスケジュールの遂行に集中する
＋　企画が前進するよう促す	＋　仕事の意義や目的を常に忘れないようにする
＋　重要な仕事にとりかかる前にチームのパーパス	＋　２人１組でパフォーマンスを向上させる
を再確認する	

＋　徹底した透明性を育み、衝突を回避する	＋　オープンな組織文化を育む
＋　議論が白熱したら、あえて中断する	＋　チームメンバーとともに心理的な安全性を
＋　感情を解き放つことで意見の対立を解消する	確保する
＋　優先順位についての意見が対立しないよう	＋　チームの問題に第三者とともに取り組む
にする	

＋　居場所に関係なく忘年会を一緒に楽しむ	＋　共通の思い出づくりでアイデンティティを育む
＋　支社横断チームのつながりを深める	＋　仕事以外のコミュニティでの活動を認識する
＋　バーチャルチームの結束力を高める	＋　チームや部門間の垣根を取り払う
＋　シンクロしながら、探究心も刺激する	

＋　退職した人に対する気持ちに区切りをつける	＋　合併、買収、リーダー交代の間も安定性を
＋　新メンバーに会社の価値観を伝える	維持する
＋　臨時チームのアイデンティティをつくる	＋　部署や事業の閉鎖時に感情を整理する
＋　オリエンテーションを能動的なものにする	＋　組織の方向転換をスムーズにおこなう

50の儀式索引

クリエイティビティや
イノベーション

パフォーマンスやフロー

対立やレジリエンス

コミュニティ

変革期や転換期

協力者プロフィール

ニック・ホブソン Ph.D.
Nick Hobson, Ph.D.

トロント大学社会心理学、神経科学教授

p.51

シプリアーノ・ロペス
Cipriano Lopez

アセブCEO

p.85

ローラ・マイナー
Laura Miner

ブランド・デザイナー、
バディバディ・スタジオ創設者

p.96

アイシェ・バーセル
Ayse Birsel

バーセル＋セック・スタジオ
デザイナー、アーティスト、著述家

p.110

p.127

マーシャル・ゴールドスミス Ph.D.

Marshall Goldsmith, Ph.D.

ビジネスコーチ、教育者

p.147

ドム・プライス

Dom Price

ワーク・フューチャリスト、
アトラシアン

p.155

アニマ・ラヴォイ

Anima LaVoy

Airbnb でソーシャルインパクトを主導

p.162

リリアン・トン

Lillian Tong

マターマインド・スタジオ共同創設者、
デザイナー

p.187

イサベル・ベーンケ Ph.D.

Isabel Behncke, Ph.D.

霊長類学博士、
進化および行動科学者

p.243

アネット・フェラーラ

Annette Ferrara

エクスペリエンス・ディレクター、
IDEO シカゴ支社

はじめに

OUR BOOK writing RitUAL

本書執筆中の
わたしたちの
「コーヒー儀式」

本書の目的

本書は、日々の仕事（ワークライフ）に新しいエネルギーをもたらし、コミュニティを育むのに役立つ「儀式」を紹介するものです。とりわけ、ボトムアップで働き方を変えることに焦点を当てています。トップダウンで一丸となって取り組むというよりも、「儀式」の力を借りることで、小規模参加型で、充実感や生産性を高め、つながりを強くしようというわけです。

ほかにも、チームのよりよいコミュニケーションを促す「儀式」や、組織の変革や問題に向きあう助けになる「儀式」も取り上げています。

わたしたちはここ数年、スタンフォード大学dスクールで「儀式デザイン」の講義を受け持ち、企業や公共部門と協力して、仕事におけるエンゲージメントの低下に関連する問題への対応策を突き止めようとしてきました。「儀式」の事例を集めるようになったのも、学生に参考にしてもらい、職場が変わる「儀式」を新たに考えてもらうためです。

本書ではこうして集めたさまざまな「儀式」の事例を紹介しています。有名企業が全社をあげて取り組んでいる、企業文化やコミュニティを育む「儀式」もあれば、デザインのワークショップやデザインスプリント〔高速にプロトタイピングと検証をおこなう、アイデア検証のフレームワーク〕で生まれた、実験段階の「儀式」もあります。

巻末には、わたしたちが「儀式」をデザインするときの基本7ステップも載せています。みなさんが独自の「儀式」をデザインする際の参考にもなるでしょう。

また、「儀式」を考案したり、よりよい組織文化を生み出したりしている人たちの声も紹介しています。こうした人たちが、働き方、創造性発揮、関係性構築などにおいて、新しいやり方を試している様子にぜひ触れてください。

本書は実践書ですから、拾い読みや飛ばし読みもオーケーです。「儀式の目的一覧」（6〜7ページ）から、あなたの課題に近いものを見つけてください。

なぜ儀式を
仕事に取り入れるのか

わたしたちは人生のかなりの部分を仕事に費やしています。それは、大企業、小規模のスタートアップ、個人プロジェクト、どれでも同じことです。では、仕事の人間関係、クリエイティビティの発揮、目的意識、人生の転換期、組織の浮き沈みといった観点で、仕事に費やしている時間を充実させることにどれだけ力を注いでいるでしょうか。

儀式は、日々の仕事の質を高める効果的な戦略になりえます。そして、日頃からおこなうことで、目指している姿に近づきやすくなります。チームの結束が強まる、対立を乗り越える、パフォーマンスを向上させる、変化に対応する、といったことにつながるのです。

いま、企業も個人も、さまざまな難しい課題に直面しています。従業員のエンゲージメントの低さ、大きなストレスや不安、人間性に欠ける仕事環境、それに、うまくいかない組織再編[1]。こうした問題を解決するには、多面的な戦略を用い、価値観主導の、クリエイティブな、かつ血の通った環境づくりをしなければなりません。儀式は、そうした戦略のひとつであり、リーダーも個人も、難題に取り組むために活用できるものなのです。

プロのスポーツ選手が儀式を取り入れていることは、スポーツファンならご存じでしょう。テニスのラファエル・ナダルは、試合前に一連の儀式をみっちりとおこなっています。冷水シャワーを45分間浴びてから試合に出ることで、平常心を保ち、プレーに集中し、フロー状態に入れるようにしているのです[2]。

カーシェアリングサービス企業のジップカーは、ある儀式を考案し、大胆な組織改革へ導きました。モバイルファーストへの転換を決めた際、デスクトップコンピュータを叩き壊す儀式を全社でおこなったのです（詳しくは「儀式44　慣例打破」231ページ）[3]。一種の集団儀式によって、それまでの仕事のやり方に終止符を打ち、新たなやり方へ移行したわけです。

本書では、儀式がなぜ仕事の質のアップにつながるのかという研究とともに、発想の種になるようなさまざまな事例を紹介しています。あなたもぜひ儀式をつくり、実践してみてください。

本書の目的は、もっと計画性や一体感や意義のある
働き方を、いろいろ試す方法を示すことにあります。

本書で紹介している儀式を
よりよい働き方を模索するひとつの手段として
活用してみてください。

もちろん、儀式だけが仕事上の重要な問題に
取り組める唯一の方法、などと言うつもりはありません。

それでも、これまでとは異なる効果的な戦略であり、
価値観、行動規範、目標を実行に移すのに役立つはずです。

儀式って、
いったい
何なん
ですか？

儀式とは
（ひとつの定義）

個人または集団が、
毎回同じような形式や台本にしたがって
繰り返しおこなう行為であり、
象徴的な意味や意図が込められている。

儀式の意味

わたしたちが「儀式」ということばを使っているのは、意味深い時間を生み出す特別な力がある行為を、なんとかうまく表現したいからです。儀式には、そうした行為をふだんの体験とは異なるものにする独特な要素があるのです。

儀式は、特定の状況で、毎回同じような形式や台本にしたがっておこなわれる行為です。なんらかの台本があり、決められた手順に沿って繰り返される場合がほとんどです。

意図を持って、意識的におこなう点が、無意識におこなうルーチンとは異なります。儀式は、なにか特別なことが起きていて、そこにみんなが波長をあわせていることを自覚しながらおこなわれます。

儀式には体の動きが伴います。その動きには規則的なリズムがあり、それが、なにか特別なことが起きているという感覚につながるのです。また、儀式にはシンボルとなるものがあります。ちょっとしたモノだったり、ことばや行動だったりするかもしれません。それによって、もっと大きななにか、より重要な価値などを象徴しているのです。こうしたシンボルが、いつもとは違う感覚を呼び起こし、ふだんの体験を特別なものに変えるわけです。

優れた儀式にはストーリーがあります。ストーリーのおかげで、いま起きていることの意味を理解し、その意味するところをより大きな視点で考え、対処できるようになるのです。

儀式には、えも言われぬ不思議な要素があります。それが、ごく普通の時間を、心に残る、熱気あるものに高めるのです。部外者が見ると、儀式はくだらない、無意味なものかもしれません。儀式は、理屈で説明できるものばかりではないからです。

儀式にもさまざまなレベルがある

儀式はおごそかなもの、崇高なもの、とはかぎりません。規模（盛大さ）もおこなわれる頻度もさまざまです。

手短かつ頻繁におこなう儀式もあります。開発チームが毎日おこなう立ち会議などもそうです。こうしたちょっとした儀式にも、共通の目的やコミュニティに属しているという感覚を育む利点がやはりあるのです。

盛大かつ、たまにしかおこなわれない儀式もあります。たとえば大学などの卒業式は、周到に準備された台本、格式ばった所作など、一生にそう何度もない儀式です。こうした儀式もまた、意味やつながりといった、より大きなものを伝えていると言えます。

それなりの変化を起こそうとするのに、儀式なんて「生ぬるい」戦略だ、と思われるかもしれません。たしかに、まったくのビジネス論理で機能するものではありません。でも、儀式には、組織のアイデンティティや目標や信条といった抽象的なものを具現化する性質があります。共通の目的、仕事の意義、コミュニティの結束といった、目には見えないさまざまな利点をもたらしてくれるのです。

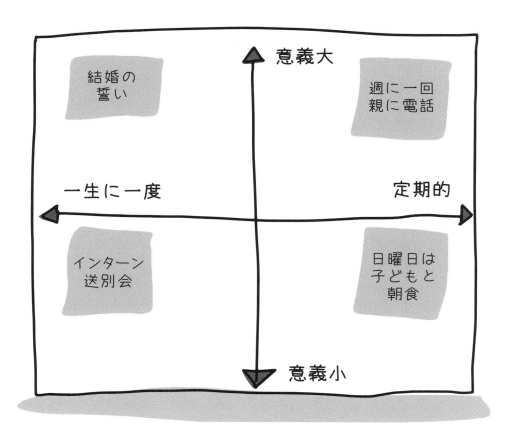

こんな人に儀式を
活用してもらいたい

　儀式の目的は、意味を生み出すことにあります。日々の仕事、仕事のチーム、プロダクトを、どのようにしてさらに意味あるものにしていくのか。儀式は、組織全体でも、チーム単位でも、個人レベルでも、よりよい職場文化を意図的に創造する手助けになります。

　この本は、そうした文化の創造をいろいろ試してみたい、と考えている人を対象としています。

　日々おこなっている仕事を、より生産性の高いものに、個人の倫理観や目標と一致するものに、より記憶に残るものにしたい、と考えている人。

　日々の仕事も自分たちの価値観ともっと一致させられるはず、と考え、協働、ユーモア、クリエイティビティをもっと組織に取り入れようとするチームメンバーやマネジャー。

　企業の理念、指針、道徳的責任といった、価値観や倫理観がはっきりと表れた組織文化を育みたいリーダー。

　これまでにないイノベーションに取り組んでいるデザイナーやエンジニア。もっとクリエイティビティを発揮する方法や、完成間近の新たなものを公開する方法を模索している人。新たなイノベーションがうまくいくような職場文化にシフトさせたい人。

　特に、ともに仕事をする人たちとのコミュニティ形成や職場文化に関心がある人は、ぜひ儀式を活用してみてください。マネジャーやリーダーはもちろん、組織を動かすことに関心があるなら、新メンバーがやってみてもいいのです。

　組織文化は、観念的なものです。マニフェスト、信条、規約として文章化されている場合もあるでしょう。こうした難解で抽象的な概念を日々の習慣に落とし込むのが、儀式です。だからこそ、動作や、特定の行為を伴うのです。目的に適った儀式をおこなえば、企業のベースにある価値観や信念など、目に見えない大切なもの一切を、目に見え相互に作用しあう、現実世界の行為に落とし込めるのです。

組織文化を改善して、
もっと強い価値観ベースの
組織にしたい

マネジメントをしている
チームを、変化や障害にも
対処できる
コミュニティにしたい

いまの働き方を変えて、
創造性、集中力、効率を
さらに高めたい

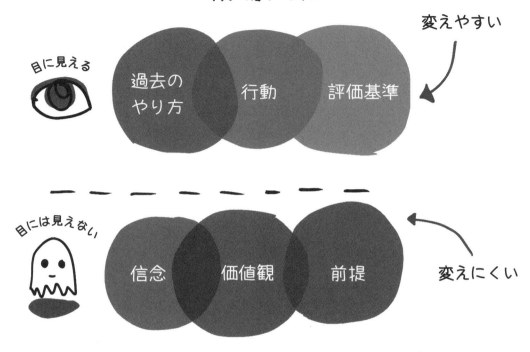

職場文化

ワークカルチャー

目に見える　過去のやり方　行動　評価基準　変えやすい

目には見えない　信念　価値観　前提　変えにくい

カルチャーマップ（ジェームズ・ヘスケットの『カルチャーサイクル』[4]より）

　日々の仕事を自分でデザインしませんか？マネジャーやチームリーダーではない人も、ちょっとした戦略（たとえば儀式）で、自分が理想とする働き方に近づけられるはずです。

　つまり、理論ではなく実践的なクリエイティビティを日々の仕事に取り入れるのです。どんな小さな試みや新しい習慣でも、まずやってみたうえで、直面している課題にどう取り組めばいいかを考えるのです。自分の能力や、本当にやりたい仕事について、より深く考えることにもつながります。

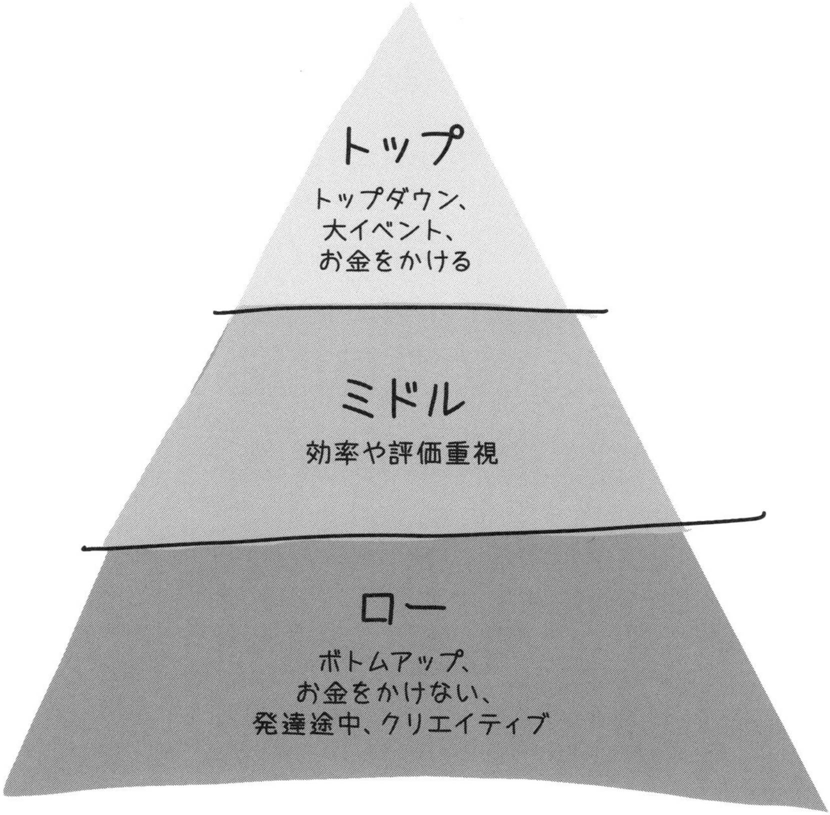

トップ
トップダウン、
大イベント、
お金をかける

ミドル
効率や評価重視

ロー
ボトムアップ、
お金をかけない、
発達途中、クリエイティブ

職場文化<ruby>職場文化<rt>ワークカルチャー</rt></ruby>

というと、リーダーが
号令をかけておこなう
改まった大イベントなど、

トップダウン

的な観点で考える
ことが多い。

ボトムアップの

ワークカルチャー
職場文化

は、みんなで組織に浸透
させていくもの。
つまり、儀式やその他の
行動で自発的につくり
上げていく。

第1部
儀式の力

The Power of Rituals

第 1 章

儀式で
よりよい働き方を
デザインする

Rituals for Better Work

儀式の力

わたしたちが儀式に関心を持つようになったのは、デザインの専門家として仕事をするなかで、新たな製品や取り組みを「儀式」というフレームで考えるようにすると、非常にうまくいくケースがあったからです。糖尿病患者に食事制限を厳守してもらう、交通違反切符への不服申し立てを支援する、新米マネジャーにチームをうまく管理させる、といったことも一例です。[5] 儀式というフレームのおかげで、新製品の魅力が伝わりやすくなり、より興味を持ってもらえた例もあります。[6]

儀式というフレームを用いたものを考案すると（それ自体を「儀式」とは呼ばなくても）、活用してみたいと思ってもらいやすく、しかも継続して使ってもらいやすいことがわかりました。儀式は、したがうべき道筋をはっきりと設定し、意義やつながりの感覚を呼び起こします。そこが人々を巻き込んだのです。

儀式には、人々を結束させ、自分たちを取り巻く世界を理解させる特別な力があります。仕事における個人の成長や組織変化の一手段として儀式を試してみたところ、ごく短期間で、費用もあまりかけることなく、コミュニティに明るく活力のある感覚がもたらされることがわかりました。

儀式の機能や力については、人類学、心理学、神経科学、組織行動学などの分野でさまざまな研究がなされています。こうした研究によって、儀式の発祥、発展や歴史、どのような役割を果たしているのか、人類にとってなぜそれほど重要なのかを、理解することができます。本書で紹介しているさまざまな儀式の事例や経験談は、こうした研究が確かなよりどころになっているのです。

儀式は秩序や意義をもたらす

儀式の基礎的研究が知られるようになったのは、社会学者エミール・デュルケームの研究がきっかけでした。宗教を研究していたデュルケームは、儀式が信仰のしくみの根幹であることに気づきました。儀式のおかげで、信仰を具体的なものとして理解できるというのです。[7] 人は儀式につきものの作法や所作を自然におこないます。こうしたものが、秩序や意義ある感覚をもたらすのです。

儀式は安心して試せる場を提供する

人類学者のクリフォード・ギアーツは、儀式をおこなうことで、人は「現実の」世界から、より理想に近い別の世界へさっと移動できる

精神

儀式は、
この両方の
「情報処理」
をシンクロ
させることで
機能する。

身体

より実証的な研究結果もあります。
心理学では、儀式の力は、身体と精神や感情を結びつけられるところに
由来していることがわかっています。
このすべてをシンクロさせることで、
さまざまなものの「バランスを整える」のです。

最近の研究論文によると、実際に体を動かして儀式をおこなうことで、
充実感やコントロール感が得られることがわかっています[8]。
儀式の一連の動作によって感情が整い、落ち着いた状態を保てるのです。
また、安定的にかつ集中して行動しやすくなるため、
パフォーマンスも好調に保たれます。
さらには、人とつながっているという確信が得られ、一体感も生まれます。

ことに気づきました。[9]日常のさまざまな決まりごとや型どおりのことからちょっと離れて、ほかのふるまい方や生き方を思い描けるようになるというのです。つまり儀式は、よりよい生き方を構築するための、安全で様式化された場を提供してくれるのです。

儀式はなぜ、そしてどのように機能するのか

儀式が機能しているかどうか、どのように機能しているのか、どうすればわかるのでしょう。

社会科学、ビジネス、神経科学、行動科学、心理学など、さまざま分野で、儀式の力が実証的に研究されるようになっています。儀式をおこなった成果をわかりやすい客観的な基準で測定している研究者もいれば、儀式の効果を人がどう感じ、どんな生理学的変化があったかを調べることで、より主観的な成果に注目している研究者もいます。

最近、儀式が体験やパフォーマンスのさまざまな面に及ぼす効果を測定する比較対照実験が増えています。[10]ひとつのグループに儀式をおこなってもらい、儀式をおこなわない対照グループと比較します。与えられたタスクのパフォーマンスを調べて、儀式の心理的および生理学的な影響の有無やその程度を測定するわけです。

儀式は不安を軽減し、パフォーマンスの向上につながる

アリソン・ウッド・ブルックスの研究では、儀式が人前でパフォーマンス（歌唱コンテスト）する前の不安を軽減させ、パフォーマンスの向上につながることがわかっています。[11]この研究でおこなわれた儀式は、いまの気持ちを絵に描いてもらい、その絵に塩をふりかけ、声に出して5つ数えてから丸めてゴミ箱に捨てる、というものでした。

この儀式の効果は、参加者にどんな気持ちかを尋ね、心拍数を測ることで測定されました。その結果、任意の行動をとった対照グループや、儀式をおこなわなかった対照グループとくらべて、儀式をおこなったグループのほうが、不安が軽減されていたことがわかったのです。つまり、緊張を伴うタスクの前に儀式をおこなうことで、気持ちが落ち着き、パフォーマンスの向上につながることを、この研究は示しているわけです。

儀式は不幸を乗り越える手助けになる

フランチェスカ・ジーノとマイケル・ノートンは、大切な人を亡くした人を対象に、追悼儀式の効果を調べました。その結果、儀式は悲しみを軽減させ、不安や孤独のなかでもなんとか気持ちを落ち着かせることがわかっています。[12]

儀式はやる気と結束を強化し、パフォーマンスの質を上げる

ノートンの研究チームは、集団でおこなう儀式の効果を調べるため、あるゲームを考えました。大学構内の特定の数カ所で自撮りを

いまの気持ちを
絵にする

その絵に
塩をかける

声に出して
5つ数える

絵を丸める

ゴミ箱に
捨てる

このようなちょっとした創作儀式でも、緊張するタスク（突然の歌唱コンテストなど）が
与えられたときの不安軽減につながることが、ハーバード大学の研究でわかっている。

してきてもらうのです。[13]ひとつのグループには、両手両足で拍子をとる儀式をみんなでおこなってから出発してもらいます。対照グループには一切指示なしです。

その後、自撮りした写真点数を数えます。勝敗を分けたのは集合セルフィーの点数でした。儀式をおこなったグループは、おこなわなかったグループより集合セルフィーをたくさん撮っていただけでなく、結束力も強かったそうです。

儀式はクリエイティビティを高める

同研究チームによる、ほかの実験もあります。個人の儀式と集団の儀式では、どちらがクリエイティビティに及ぼす効果が大きいか、について調べるものです。[14]まず、参加グループに、あるモノの使い道のアイデアをなるべくたくさん出す、といったクリエイティブなタスクを課します。次に、サイコロを振って出た目に応じた型で腕を回し動かす儀式をおこなってもらいます。ひとりでおこなう人もいれば、集団でおこなう人たちもいます。結果は、集団でおこなった人たちのほうが、クリエイティビティも結束力も高まるというものでした。

儀式は体験の質を高める

キャサリン・ヴォーの研究チームは、儀式をおこなうことで、食べる体験の質が高まるかどうかを調べました。はたして、儀式に効果はあったのでしょうか。

参加グループに、ちょっとした儀式をおこなってからチョコレートを食べてもらいました。[15]こんな儀式です。「包装をとらずに板チョコを半分に割り、その半分だけ包装をとって食べてください。食べ終わったら、残り半分の包装もとって食べてください」。儀式なしの対照グループには、ちょっと休憩したあとで同じチョコレートを食べてもらいました。結果は、儀式をおこなったグループのほうが、よりおいしく高級なものに感じられた、というものでした。儀式によって味わいが深まったのです。

儀式はステップが多く頻度が高いほど、より効果が感じられる

儀式の効果への実感に、儀式の細部が影響していることもわかっています。クリスティン・ルガールとアンドレ・ソウザは、ブラジルの「シンパチア」と呼ばれる儀式について調査しました。これは、禁煙、喘息治療、厄払いなど、日常の問題に対処するための儀式です。

人々は、ステップが多いシンパチアほど、効果をより実感していました。手順の繰り返し、決まった時間におこなうかどうか、シンボルの有無などといった要素も、影響していました。いずれにしても、儀式における動作や反復が、体験に意味のある変化をもたらしうることを示しています。

儀式は自制心を高める

仕事の場以外でも、儀式のおかげで賢い選択をしやすくなるようです。アレン・ディン・ティアンの研究チームは、儀式が健康な食習慣に及ぼす影響を調べました。儀式をおこなうと、

摂取カロリーや健康的な食材選択をきちんと
コントロールしている、と感じやすくなること
がわかっています。[16]

研究チームが考えた儀式をおこなってから板チョコを食べると、
よりおいしく高級なものに感じられた。

儀式の原理

The Principles of Rituals

儀式の原理
その1

儀式には
えも言われぬ
不思議な
要素がある。

儀式の原理

その2

儀式は **意図** を
持っておこなわれる。
参加する人も、
この特別なひとときに
調和している。

儀式は
象徴的な価値
を伝える。

実用的なことだけでなく
パーパスの共有
にもつながる。

儀式の原理
その4

儀式はだんだん
進化 していく。
おこなう人々や状況に、
より適うものに
なっていく。

職場が変わる
儀式5タイプ

Five Types of Workplace Rituals

変革期や転換期

新たな環境や
大きな変化に
適応する

**クリエイティビティや
イノベーション**

よりよいアイデアや
変化へのビジョンを
刺激する

コミュニティ

結束し、
つながりを実感する

**対立や
レジリエンス**

問題や
緊張状態に
対処する

**パフォーマンスや
フロー**

集中力、自信、
生産性を高める

儀式は仕事におけるさまざまな目的に適うが、組織において特に重要な効果を5タイプに
分けた。いずれも、組織における儀式を研究するなかで見えてきたものであり、その効果は
わたしたちのデザインのプロセスでも確認済みだ。

クリエイティビティやイノベーションを引き出す儀式

　クリエイティビティやイノベーションは組織の活力です。絶えず変化している市場にあわせてパフォーマンスを維持するには、組織全体でもチームレベルでもクリエイティブでなければなりません。このタイプの儀式は、ひらめきや、互いのアイデアの練り上げにつながります。アーティスト、ライター、映画製作者なども、クリエイティビティを養うために、儀式のしくみや反復性を活用しています。[17]

　デザインのチームでも、クリエイティブな環境づくりにこのタイプの儀式を活用しています。「当を得たアイデアだろうか」といった不安を乗り越え、新たな案をどんどん出していける環境をつくるのです。また、ふだん一緒に仕事をしていない人たちとの結束が深まることで、新たなアイデアが生まれやすく、共感しあえる関係を築くことにもつながります。

パフォーマンスの向上やフローにつながる儀式

　儀式には、なにかに挑戦する前の個人やチームに自信を持たせ、集中させる働きがあることが研究でわかっています。役員会議など、重要なことを控えているときや、日々のクリエイティブな作業でちょっとした課題に取り組むときなどにおこなう儀式です。それぞれがふだん大切にしている信念や小道具を活用し、仕事の質の向上につなげます。

　スポーツ選手も、パフォーマンス向上のための儀式をよくおこなっています。ウォームアップの順序にこだわる、食事は常に同じ特別メニューにする、チームメートのパッドを叩く、着古したユニフォームにキスをする、グラウンドにチューインガムを置く、などもそうです。[18]

対立の解消やレジリエンスの向上につながる儀式

　意見の対立、プロジェクトの失敗、社内の駆け引きなどで、メンバーがかっとなると、日々の仕事は予期しない方向に転びかねません。そうなったとき、とるべき道はいろいろあります。回避する、鎮静化する、もしくは背水の陣で臨むのもひとつでしょう。こうした難しい局面への対処に役立つのが、このタイプの儀式です。

　ネイティブアメリカンの燻しの儀式もこのタイプで、2つの部族が一触即発の状態になったときにおこなわれています。対立が激しくなると、燻しの儀式によって、ともに過ごす、という象徴的行動に移るのです。この儀式でわだかまりをなくし、また穏やかに話しあえるようになるのです。

コミュニティやチームづくりにつながる儀式

　そもそも人間は、儀式を生み出し、つながりあってコミュニティをつくる生き物です。コミュニティの儀式をおこなうことで、帰属意識やアイデンティティが強固になります。自分たちの集団に共通の信念が行動となって表れ、その集団内で確固たるものになるのです。

　このタイプの儀式は、人生のいたるところで見受けられます。アメリカの大学対抗のスポーツ競技前におこなわれるテールゲートパーティー〔大学の駐車場での野外パーティー〕では、食べ物も音楽も入念に準備します。「バーニングマン」のような大規模なイベントで、コスチュームを身につけたり、木製の像を燃やしたりするのも、新たなコミュニティをつくろうとしているのです。信仰のコミュニティも、儀式や食事会で絆が結ばれています。

組織の変革期や転換期に適応を促す儀式

こうした儀式は、集団にとって、自分たちが大切にしていることを表現する場、集団のアイデンティティを探究する場となります。その集団を構成する人々も、自分はこの集団の一員であり、深遠ななにかを共有している、と感じられるようになるのです。

人生同様、仕事にもライフサイクルがあります。組織の成長に伴い、新しい人が入り、さまざまなプロジェクトが立ち上がり、チームが形成されていきます。年月がたてば、去っていく人、完了するプロジェクト、解散するチームもあるでしょう。また、解雇、組織再編、トップ交代などで、組織そのものが大きく変わる場合もあります。

成長期、衰退期、いずれにしても、なにかと落ち着かないものです。こうしたさまざまな変化を認識し、不安定さから来る緊張を乗り越えるのに役立つのが、このタイプの儀式です。誕生、卒業、結婚、死など、人生の節目に儀式をおこなうのと似ています[20]。新歓、送別、プロジェクトの中止、チーム再編、といった転換期には、こうした儀式をおこなう意義があります。

第 2 章

日々の業務、チーム、
組織に儀式を
どう取り入れるか

How to Bring Rituals into Your Work, Team, and Org

儀式をおこなうことで、日々の仕事(ワークライフ)に大きな変化をもたらすことが
できるかもしれない、よりよい働き方、チーム力の向上、
コミュニティ意識の形成に活用できるかもしれない、
という気になってきたのではないでしょうか。

自分たちのいまの状況に一番適うのはどんな儀式か、
それを考える際に役立つのが、
人類学的なものの見方とデザイン的なものの見方です。

人類学的なものの見方

　日々の仕事(ワークライフ)や所属組織を、先入観なしで見つめます。現状をあるがままに捉える、鋭い観察者になるのです。「意義」がすでにほとばしっているところを突き止めます。価値観、信念、目標について人々が話しているときに、しっかりと注意を向けるのです。そのうえで、日々のルーチンや願いを明確化しましょう。

デザイン的なものの見方

　「現在の状態をより好ましいものに変えるべく行為の道筋を考案するものは、だれでもデザイン活動をしている」と、ハーバート・サイモン（ノーベル経済学賞受賞）が『システムの科学 第3版』で述べています。[21] 新しいことを試してみて、うまくいくかどうか確かめたり、いまあるもの（日常業務、利用できる空間、目標など）を活用したりして、デザインを取り入れましょう。

儀式の始め方

儀式を導入する際に、次のような戦略が役立ちます。

1　セーフスペースをつくる

儀式を集団に取り入れる際に一番重要なのは、参加する人同士が本音を率直に話せる環境です。セーフスペースをつくり、核となる価値観や問題点をチームメンバーと一緒に検討できるようにします。そのうえで、それに沿った儀式をデザインしましょう。

2　デザイン段階からチームをファシリテートする

儀式を成功させるには、チームメンバーの協力や同意が必要です。デザインの手法を活用し、対話を促して協力を得るようにしましょう。

3　支持者の種をまく

儀式に限らずどんな試みもそうですが、儀式の必要性や重要性を認めてくれる人のほうが、そうでない人より関心を示してくれるものです。そういう人を見つけて、集団内に種まきしましょう。支持してくれる人なら、儀式のファシリテーターも任せられます。

4　トップダウンで押しつけない

儀式を成功させたいなら、社命で参加させるなんて愚の骨頂。反感を持たれ、本来の趣旨にそぐわなくなってしまうのがオチです。そうではなく、自分たちのやり方で儀式をおこなえる環境を整えるのです。つまり、支援のしくみはあるけれど、儀式の内容とやり方は自分たちで決められるようにしましょう。

5　儀式とは呼ばない

職場文化（ワークカルチャー）をつくる活動なんて、やるだけムダ。そんな考えの同僚を説得するには、とにかく自分が始めてみるか、自分の顔を立ててくれと頼むかです。その際、形式ばった名称をつけたり、儀式と呼んだりするのは避けたほうが賢明でしょう。

6　費用をかけず、気軽にやってみる

儀式は、膨大な予算申請も、長時間の拘束

も、手の込んだ準備もなしで始められます。まずは、あまり細かくつめずにやってみて、定着するかどうか様子を見ます。何度か試しながら、自分たちにあう儀式かどうかを確かめましょう。

7　旗振り役の力を活かす

儀式を順調にスタートさせるために、分析的思考は脇に置いておきましょう。クリエイティビティや遊び心を相手からうまく引き出せる人には、最初から関わってもらいましょう。これまでとは違うやり方で物事をおこなうのが得意な「アーリーアダプター」を見つけて、旗振り役として引っ張っていってもらいましょう。

8　ルーチンと混同しない

儀式にはルーチン的なものが含まれる場合もありますが、ルーチンとは別物です。儀式は意図しておこなうものですから、その場に参加してきちんと取り組むことが求められます。一方、ルーチンは無意識におこなうことが多く、やめて初めて気づく場合も少なくありません。

9　習慣化の手段になりうる

そういうわけで、習慣の確立と儀式の確立も別物です。儀式は意義や価値観の核となるものを伝えますから、個人や集団をやる気にさせたり、気持ちを落ち着かせたりするのに役立ち、結果として習慣化することはあります。

10　「楽しい」だけではダメ

儀式は楽しいものばかりではありません。個人やチームの儀式をデザインする際は、いかにも儀式らしいものから離れて考えましょう。そうでないと、「楽しさ」を追求して丸一日かける、といったものになりがちだからです。そうではなく、日々の仕事（ワークライフ）における問題点を探すのです。たとえば、わたしたちがあるマネジャーのためにデザインしたのは、対立の緩和とチームメンバーのレジリエンスの向上を目指す儀式でした。

11　カスタマイズする

本書で儀式の事例をたくさん紹介していますが、書いてあるとおりにおこなう必要はありません。みなさんの日々の働き方（ワークカルチャー）に当てはめて活用してください。組織の歴史、価値観、内輪ネタ、ルーチン、シンボルなどから発想するといいでしょう。本書の事例からひらめいた場合でも、よく考えてカスタマイズし、うまくいくかどうか確認したほうがいいでしょう。

12　いつまでも続ける必要はない

儀式は、この先もずっと続くものばかりではありません。わたしたちのワークショップで生まれた儀式にも、おこなう意味がなくなったり、組織が変わったりして、廃止になったものがたくさんあります。それでいいのです。効果があるなら続ければいいし、定着しなければ次へ進めばいいのです。無理におこなう必要はありません。

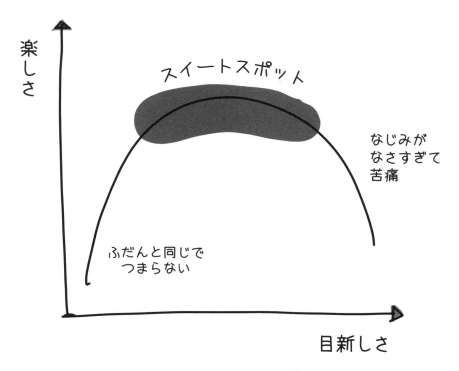

新奇性に関するヴント曲線[22]

---

13 初めに面食らわせない

ヴント曲線にならい、儀式を取り入れる際にも、目新しいけれど斬新すぎない「スイートスポット」を考慮する必要がある、とイサベル・ベーンケが教えてくれました。新たに始める儀式が目新しいことばかり（ふだんとまったく違うことをさせたり、不慣れな状況に置いたり）では、苦痛に感じてみんなの心が離れてしまいます。かといって、ふだんとあまり変わらないのもつまらないので、やはり心

が離れてしまいます。儀式は育んでいけるものなので、こぢんまりと始めてみて、その後だんだんと要素を加えていけばいいのです。

ニック・ホブソン Ph.D.

Nick Hobson, Ph.D.

トロント大学社会心理学、
神経科学教授

儀式に取り組むようになった きっかけ

　ニックは心理学と神経科学の両面から儀式を研究しています。きっかけは、博士課程に入った2011年のことでした。

　当時、儀式に関する経験的心理学の論文がまったく見当たらず、不思議に思ったそうです。人の習性の根本にあるものを研究する分野なのに、どの文化にも広く見られる習性になにも言及されていないのは、いったいどういうことなのか。また、この100年間ずっと儀式が研究されていながら、儀式学がないのはどういうわけなのか。

　まさに、研究のしがいがあったわけです。そこでニックは、博士課程で儀式について心理学（および科学）を前進させることに専念しようと決めました。まず、いまもおこなわれている（特に集団での）儀式を分析し、どのような効果があるかを調べました。儀式

が集団において果たす役割は、人々を結びつけるだけでなく、偏った見方で「判断力を失わせる」可能性もあることがわかりました。そこから、儀式が個人や集団にもたらす効果を、心理学と神経学の両面から研究するようになったのです。

ニック自身の仕事の儀式

　妙なもので、儀式の研究を始めた頃のニックは、自分が儀式をおこなうことは絶対にない、と思っていたそうです。

　超合理的な考え方をする科学者のニックには、儀式があまりにも不合理に思えたからです。ところが、そうした考えも数年で変わりました。学者たちが昔から言及してきたとおりで、直接的な機能はなさそうだからといって、儀式に意味がないとはかぎらないのです。それどころか話はまったく逆で、理屈で説明できないからこそ、儀式は人生においてかなり重要な役割を担っているのです。ニックが

個人の経験から感じたことも、研究結果と一致しました —— 儀式は頻繁におこなうほどいいのです。

実際、ニックは自身の研究生活でも儀式をおこなっています。研究仲間の文化や価値観を核に、研究チームのメンバーをまとめる手法のひとつとして、ちょっとした儀式をいくつか定着させようとしているのです。完全リモートチームなので、ネットでおこなう儀式にしなければならないのが課題です。

ニックはこう言っています。「想像力をはたらかせるのです。たとえば『バーチャル井戸端会議』と呼んでいるものは、毎週、一定の時間を割いて雑談する儀式です。ルールは2つ。各自が好きな飲み物を用意する。研究に関する話はしない」

ニックには、家で仕事をするときに必ずおこなう、個人の儀式もあります。周囲の環境を「仕事モード」に整えたうえで、その日の仕事にとりかかるのです。デスクの前の窓辺に置くものは2つだけ。窓の右側には骨相学のヘッドモデルがあり、ニックの方を向いています。左側にはディフューザーがあり、ペパーミントの香りを放ってリフレッシュさせてくれます。「たわいもないことですが、実際に効果があるのです。それに、プラセボ効果に脳の状態を変える力があることは、科学的にも立証されていますから」

職場文化(ワークカルチャー)をよりよくしたい人へのアドバイス

儀式をもっと取り入れるよう勧めるニックですが、言うは易くおこなうは難しです。人類学や歴史学を研究してきたニックは、結びつきが非常に強固だった文化やコミュニティには儀式が深く根づいていたことをよく知っています。儀式こそが、その結束の固さの理由だったのです。儀式には、集団の不安を和らげたり、規律を課したりする役割もありましたが、なんといっても、ある共通の理想にもとづいて人々を活気づけるものだったのです。「アイデンティティ・フュージョン」と呼ばれる、個人と他人の境界線が曖昧になる現象がありますが、これは、個々人がただ大勢集まっているだけの状態から、個々人の力の総和を大きく上回る集団に変わるときに起こります。デュルケーム学派〔フランスの社会学主義〕が「集合的沸騰」と呼んでいるものであり、個人が自己超越し、世俗的レベルから聖なるレベルへと移っていくのです。

そこでニックは考えました。この難しい概念を現代の仕事の領域にも応用できないだろうか、アイデンティティ・フュージョンや聖なるものを、いまのハイテク組織で目指せないだろうか、と。もちろん、宗教と同じようにはいかないことはニックもわかっています。でもそれはひょっとすると、宗教には数千年の歴史があるのに対し、多くの企業はせいぜい10年程度の寿命だからかもしれません。

いずれにせよ、一番いいのは、ふとしたことから自然におこなわれるようになり、時間をかけて形がだんだん整えられていく儀式だとニックは言います。この逆では、まずうまくいきません。マネジャーがチーム改善のためにある儀式をおこなうよう命じても、成果は得られないでしょう。それどころか逆効果になってしまいます。儀式はゆっくりと自然にできていくものであり、そうなるのは、人々が共通の目標やアイデンティティのもとに集まって団結するときだからです。

したがって、このマネジャーの例で言えば、そうした儀式（どんな儀式でも）が自然に生まれて形を整えていくのを妨げないようにすればいいのです。形になりつつあるものに気づいたら、それが習慣的化するよう、目配りするのがマネジャーのすべきことです。

これからの働き方への期待

これについては、どちらかというとハラハラするほうの期待だ、とニックは言います。不安の原因は、働き方に関する基準に見られるこれまでの変化にあります。テクノロジーが発達するにつれて、儀式が「昔の働き方」の遺物と化してしまうことをニックは危惧しているのです。ここのところ注目されているデジタル・ディスラプションにしても、プロセスの最大効率化を目指すものです。問題は、儀式はそもそも非効率なことだらけなのです。

そうなれば組織は、従業員の生産性アップとコスト削減のため、儀式をおこなわなくなっていくかもしれません。このような見方にはなんのメリットもない、とニックは考えています。儀式をおこなわないコミュニティ（仕事でもそれ以外でも）など長続きしないからです。つまり、費用対効果や最終的な利益を考えれば、儀式にはまぎれもない見返りがあるのです。

第 2 部

職場が変わる
50 の儀式

---

50 Rituals for Work

第 3 章

クリエイティビティや イノベーションを 引き出す儀式

Creativity and Innovation Rituals

クリエイティビティやイノベーションは、型どおりの発想から離れ、
意外なものが結びつくときに生まれます。
儀式というしくみを活用することで、創造的マインドセットに
切り替わり、ありふれた発想の枠を越えやすくなります。
アイデアを試しやすいチーム文化を育むことにもつながります。

「クリエイティビティやイノベーションを引き出す儀式」は
こんなときに役立つ

個人

+ 　右脳を刺激する
+ 　死にかけ（ゾンビ）企画を前に進める
+ 　さっと何かを生み出す

チーム

+ 　水平思考を促す
+ 　「当たって砕けよ」の精神を育む
+ 　活発なアイデア出しを促す
+ 　がんばっている人の話を聞く

組織

+ 　繰り返し起こる問題の解決策を練る
+ 　制御可能なリスクを恐れずアイデア出し
　　する文化をつくる
+ 　それぞれの特技を披露する

クリエイティビティや
イノベーションを引き出す
10の儀式

よりよいアイデアや変化へのビジョンを刺激する

落書き日課

クリエイティブな作業にとりかかる前に、
脳を活性化させる

落書き日課

こんなとき

クリエイティブな作業や重要な仕事にとりかかる前に、脳を活性化させる必要があるとき。

個人儀式

まず「手を動かす」ことで一切のプレッシャーを取り除こうというもの。ひとりでおこなうのがベストだが、チームで一斉におこなってもいい。

用意するもの

+ 紙
+ ペン
+ タイマー

難度

【低】。
道具および環境を整えておくだけ。紙とペンを毎朝必ず目の前に置くなど。

内容

机に向かったらペンを手に取り、用紙やノートにきっかり1分間、自由に落書きする。これから取り組もうとしていること、いま考えていること、でたらめなスケッチ、なんでもかまわない。ルールは、絵や図を描くことと、1分きっかりで終えることだけ（それより長くても短くてもダメ）。

朝起きたらまずパソコンでメールチェックするのではなく、ちょっとしたクリエイティブな作業で1日をスタートする儀式。これが日課になれば、抵抗なくおこなえるようになり、あれこれ考えすぎずにクリエイティビティを一気に発揮できるようになる。

やり方

この儀式の目的は、クリエイティブな作業に対して身構えず気楽になること。絵や図をささっと描くのがルール。うまく描く必要もない。とにかく手を動かす。こうすることで、クオリティへのプレッシャーが減り、クリエイティブな作業にとりかかりやすくなる。

描いたものをどうするかは、それぞれの自由だ。ボードに順番に貼っていく、ノートにはさんでおく、引き出しにしまう、人に見せる、なんならビリビリに破いてもいい。クリエイティビティを刺激しさえすれば、役目はもう果たしている。

応用するなら

スタンフォード大学dスクールの講義の始めにもよくおこなっている。インデックスカード1枚になにか描いてもらい、ホワイトボードに貼っていく。この作業で、クラス全員にクリエイティブなモードに入ってもらうことにしている。また、ここに来る前のほかの講義や活動などは一切忘れて、デザインの考え方に頭を切り替えることにもつながる。

ほかに、「紙の真ん中から」落書きし始めるバージョンもある。その日の方針を意識するための儀式だ。デザイナーのアイシェ・バーセルは毎朝この儀式をおこなうことで、仕事に集中してとりかかっている。この儀式が、1日の始めにいつも感じる、白紙に対する不安の解消に役立っている。つまり、なにもない状態からやり直すわけだ。まず、考えたり取り組んだりすべき重要事項をひとつ、まっさらな紙の真ん中に書く。書いたら、そのまわりに落書きしたりマインドマップを描いたりしていく。この落書きのおかげで、いま頭に浮かんでいることや、その日にできることをじっくり考えられるそうだ。

落書き日課の「早起き」バージョン

「早起き」バージョンもある。これもアイシェ・バーセルが毎朝おこなっているものだ。

朝型でなくても（むしろそういう人こそ）、まだ目が覚めきらないうちに、自分のためのクリエイティブな時間を確保できる。

目覚まし時計をいつもより２時間早くセットする。ちょっとしたごほうび（コーヒー、お茶、クッキーなど、好きなもの）を用意しておく。

それを持ってクリエイティブな作業をする場所へ行き、書くなり、描くなりする。

脳が活性化し始める前（自意識が目覚めて、不安になったり自己批判を始めたりする前）に、クリエイティブな作業にとりかかるわけだ。絵でも文章でもなんでもいい。重要なのは、無心でおこなうちょっとしたクリエイティブな作業で1日を気持ちよくスタートさせること。それによってストレス軽減につながったり、「フロー状態」に入りやすくなったりする。

チーム内で、
進展が見られない企画を
カードに書き出し、
「墓場」に掲示する。

ゾンビ蘇生園

蘇らせたい企画があれば、
そのカードを
「ゾンビ蘇生園」に移す。

その企画を実行に移したら、
「ゾンビ蘇生園」に
新たな鉢植えを用意し、
カードをそこに埋める。
鉢植えにその企画名をつける。

ゾンビ企画蘇生園

死にかけ企画を蘇らせる

ゾンビ企画蘇生園

こんなとき

動きがない企画を前に進める（あるいは完全にボツにする）必要があるとき。いつまでも放置したままでは、やる気の低下につながる。

組織儀式

組織でおこなうが、チームでも可能。

用意するもの

+ 壁か掲示板
+ カード
+ 鉢植え
+ クリップ

難　度

【中】。
専用スペースと、観葉植物および企画への関心を持たせるファシリテーションが必要。

内容

　宙ぶらりんな企画がありすぎて、組織の負担になっているときにおこなう儀式。そうした「ゾンビ」企画を「墓場」に貼り出して、なんらかの行動を促す。息を吹き返して軌道に乗った企画は「墓場」から「蘇生園」に移される。手を挙げる人がだれもいなくて宙ぶらりんのままの企画は正式にボツとなり、みんなが次へ進む。

　放置されている企画を認識し、取り組みたい人に前へ進めてもらう手法。いまいち

な企画を可視化し、活かすかどうか判断してもらう。限られたリソースをどこへ投入すべきか、組織としても判断しやすくなる。

やり方

　宙ぶらりんになったままの企画はどんな組織にも山ほどある。チームの拡大縮小や、マーケット戦略がプルかプッシュかによって、優先すべきことが変わるからだ。ハッカソンでは、中途半端な新企画がごまんと出てくる。企画が前に進まない状態は、だれだっていい気がしないものだ。せっかく

の苦労が報われず、進展が見られないのだから。

こうした半ば放置された企画への対処に役立つのがこの儀式だ。完全な形になっていなくても、その取り組みを認める場になるし、形にならなかった企画には終止符を打てる。また、可能性のある企画を掘り起こし、新たなものを探ることにもつながる。

● **壁の一画などを「ゾンビ企画の墓場」にする。**動きがなくて宙ぶらりん、でも再生の余地があるのがゾンビ企画だ。これはゾンビ企画だと思えば、だれでもカードに書いてこの墓場に貼ることができる。

● **この掲示板のそばに観葉植物の鉢を並べ、クリップを挿す。**ゾンビ企画のいずれかを自分が担当しようと思う人は、その企画名が書かれたカードを掲示板からはがし、自分の名前を書いて、鉢に挿してあるクリップにはさむ。

● **企画を実行に移した人は、鉢植えをひとつもらえる。**カードは破いてその鉢に埋める。鉢植えはその企画名で呼ばれ、引き続き蘇生園に置いておく。

● **1カ月たってもだれも手を挙げない企画は正式に「ボツ」となり、掲示板(ゾンビ企画の墓場)から外される。**

アイデアパーティー

アイデアを生み出す文化をたたえ、さらに促す

③ アイデアパーティー

こんなとき　チームのクリエイティブ精神をたたえると同時に、前へ進めるために組織のほかの人たちからの意見も聞きたいとき。

組織儀式　組織の全員を招く。チームメンバーがホスト役となり、自分たちのアイデアを発表する。

用意するもの
+ プレゼンボードまたは展示物を掲示できる壁
+ 投票用シールまたは投票用紙
+ 軽食や飲み物

難度　費用、計画ともに【中】。パーティーと展示物の事前準備が必要。

内容

クリエイティブなワークショップなどの締めくくりに、ちょっとしたイベントをおこない、組織のほかの人たちも巻き込んでしまおうという儀式。ワークショップで生まれたアイデアを、なるべく早く展示したほうがいい。アイデアやインサイトをプレゼンボードや壁に展示し、ほかの人たちにもぜひ参加して意見交換してもらえるよう、飲み物や軽食を用意する。質問やコメントをもらい、進めるべきアイデアに投票してもらう。

この儀式の狙いは、チームメンバーの労をねぎらうとともに、アイデアを実行する前に、ほかの人たちの意見も取り入れてさらに練り上げることにある。

やり方

　ワークショップで企画をとことん練ったは
いいけれど、組織のほかの人たちになかなか
認めてもらえなくて苦労した、という経験は
ないだろうか。この儀式は、企画をスライドで
プレゼンしたり、報告書にまとめたり、要点を
メールで伝えたりするのに代わるやり方だ。
カクテルパーティーと画廊めぐりとピッチ〔手
短なプレゼン〕をひとつにまとめたようなも
の、と考えるといい。

● **クリエイティブワークショップが終了したら、各チームが企画をプレゼンボードに
まとめ、展示できるようにする。**

● **組織の全員（＋場合によっては外部の人）を「軽食と飲み物、そして面白いアイデア
のある小1時間のパーティー」に招待する。**

● **ファシリテーターのあいさつでパーティー開始**。チームメンバーの労をねぎらうと
ともに、このパーティーの目的を説明する。

● **サプライズとして、最多得票アイデアには特別賞が授与されることを伝える。**

● **自由に歓談してもらう**。お開き10分前になったら、投票を済ますようお願いする。

● **開票し、最高得票チームに賞品を授与する（ギフト詰めあわせ、プロジェクト資金
など）。**

● **パーティー終了後も目にしてもらえるよう、プレゼンボードは丈夫なものにする。**
次回の「アイデアパーティー」開催まで、玄関ホールに展示しておくのも手だ。

応用するなら

コンセプトの視覚化、という意味で、似たような活動をおこなっている企業はある。米アマゾンには、初期段階のアイデアを雑誌の表紙仕立てにすることで、まだ荒削りのアイデアを盛り上げ、はっきり視覚化させているチームがある。「アイデアパーティー」のプレゼンボードを雑誌の表紙仕立てにしてもいいかもしれない。

シリコンバレーのパロアルトにあるフリップボード（コンテンツを雑誌形式で読めるアプリを提供しているテック企業）は、「モック・オクロック（模擬タイム）」を開催している。開発中の試作品やコンセプトを定期的に発表するもので、アイデアを気軽に話しあえる場となっている。パーティーの開催費用も要らず、かなり頻繁にアイデアを広くシェアできる。

この儀式は、延々と続くスライド説明にうんざりの会議にも取り入れられる。スライドの代わりに、プレゼンボードを用意してもらうのだ。会議参加者はそれを見て回りながら議論し、それぞれのペースで各アイデアを把握する。アイデアの理解も意見のやりとりも深まるので、スライド説明を延々と聞かされてぐったりして、せっかくのアイデアを見落としてしまう事態も防げそうだ。

問題解決ハッカソン

繰り返し起こる問題の解決策をひたすら発想する

4 問題解決ハッカソン

こんなとき

提供しているプロダクトやサービスに繰り返し起こる問題があり、注意を払う必要があるとき。

組織儀式

組織全員に参加を要請し、必ず参加してもらう。

用意するもの

+ ペン
+ 紙
+ ふせん
+ 飲食物
+ イベント
+ 賞品(任意)

難度

費用、計画ともに【中】。チーム間の調整と、食べ物や、必要に応じてメンバーの移動費用が必要。

内容

なんらかの問題について、議論がずっと続いているときに、みんなでその問題解決に集中して取り組むイベント形式の儀式。ハッカソンの熱気を短期集中型で、必要とされている具体的なアイデア出しに注ぎ込むわけだ。

この儀式では、組織全員が一丸となって問題解決に専念する。部門を超えて協力しあい、同じ任務に一斉に取り組むことで、複雑な工程、地理的距離、縦割り組織といった、仕事を滞らせがちな垣根を取り払う。

時間厳守でおこなうのがポイント。なんとしても問題解決しなければならない、というプレッシャーで集中するためだ。

やり方

この儀式は、アーミッシュが納屋新築時におこなう相互扶助に似ている。一致団結することで、普通なら数カ月かかる作業をたちまち完成させるわけだ。

- **まず、解決すべき課題を明確にする**。集中して取り組む課題やイノベーションについて、みんなの意見をあらかじめ聞いておく。大きな組織なら、課題をいくつか設定できる。業績が芳しくないプロダクトチームの支援、顧客のクレーム対策、非営利団体への無償支援など。

- **開催の日時と目的を組織全員に知らせる**。取り組むべき課題と、その解決に貢献できる自分のスキルを事前に把握しておいてもらうためだ。「問題解決ハッカソン」は最優先事項であり、全員がスケジュールを調整して参加する義務がある。

- **当日は、ファシリテーターがチームづくりを促し、ふだん一緒に仕事をしていない人たちを紹介する**。タイマーをセットし、どのチームも、確認、報告、残り時間内に任務を完了するためのペース配分など、順調に進められるようにする。

- **飲食物、動き回れるスペースを、十分に確保する**。息抜きに体操やゲームをしたり、ほかのチームの様子を見て回ったりしてもいい。途中退席してもかまわないが、全員をテーマから逸れないように促すのがファシリテーターの務め。

- **終了時間が近づいてきたら、ファシリテーターがカウントダウンを開始し、クライマックスに持っていく**。

- **最後に、チームごとに結果を発表する**。問題解決を祝うイベントもあれば申し分ない。

応用するなら

　この手法はさまざまな目的に活用できる。組織全員が集中して斬新なアイデア出しをする、など。

　フェイスブック（現メタ・プラットフォームズ）は定期的にハッカソンをおこなっている。日常業務ではおこなわないことに24時間かけて取り組むのだ。インターンも在職歴の長い社員も一緒になって、新たなアイデアを生み出す。各チームが自分たちの考えたプロトタイプを幹部の前で発表することで、プロジェクトとして本格的に進められる可能性がある。

　テック企業のフリップボードは、インターンシップのプログラムの一環として「モッカソン」[23]というイベントを毎年おこなっている。ここで集中的に取り組むプロジェクトは各チームが

選べる。会社全体に関わる大きな問題を解決するというよりも、重要案件に小規模チームで取り組んでいる。

　同社で働いているインターンが大学に戻る前の最後のイベントだから、思い出深いものになるようにしている。チーム名を自由に選び、スローガンもつくり、みんなで協力して新たなものを開発しようと、ものすごく長い時間取り組む。寝袋やテントをオフィスに持ち込み、24時間ほぼぶっ通しでおこなうのだ。ファシリテーターが各チームの様子を見て回り、残り時間をメガホンで知らせたり、発破をかけたりする。最後に、2分間で発表し、優勝チームが賞金と賞品を獲得する。

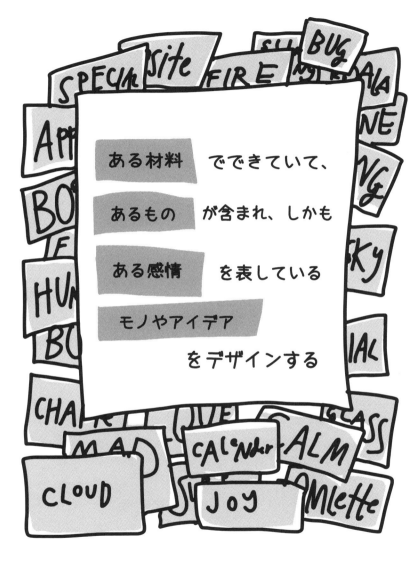

穴埋めブレスト

チームの想像力を広げる

⑤ 穴埋めブレスト

こんなとき

ルーチン業務に追われているチームが、クリエイティブなモードに切り替える必要があるとき。

チーム儀式

チームでおこなうが、組織でも可能。

用意するもの

+ ペン
+ 紙
+ ふせん

難度

費用、計画ともに【低】。必要なのはチームの賛同だけ。

内容

　短時間でできるゲーム感覚の儀式。ばかばかしいことを考えたり組み立てたりしてみよう、というもの。集まったチームに、ところどころが空欄になったテキストが渡される。その空欄を、複数のカードから無作為に選んだことばで埋めていく。

　このナンセンスなデザイン思考的試みから、形あるものでも、デジタルなものでも、これまでにないものを生み出そうというわけだ。チーム一丸となって取り組み、新たな

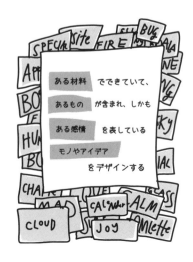

アイデアを組み立てたり、導き出したり、表現したりする。制限時間は4分。時間になったら最初からやり直す。前回とはちがうことば

の組みあわせで新たな文章を作り、新たなアイデアを生み出す。

やり方

ことば遊びの「マッドリブ」の要領だから、デザイン思考に当てはめやすい。ここでの目的は、チームが協力しあってなにかを生み出したり考えたりすること。しかも、リスクはゼロ、そもそも筋が通らなくて当たり前の世界だから、自分のアイデアへのこだわりや不安も少なくて済む。

- **ファシリテーターがルールを説明し、チームがスピード感をもって進められるようタイムマネジメントする。** 穴埋め式のテキストが配られたら、以下の手順で作業を始める。

- **カードを選んで、それを空欄に組み込んでいく。**

- **できた文章に沿ってアイデアをブレストし、書き留める。**

- **同様のプロセスを計4ラウンドおこない、できたアイデアを発表する。**

こうして生まれたコンセプトは、プロジェクトのビジョンやアイデア出しの会議に使える。単なるユーモラスなお遊びでもかまわない。どういう形で「アウトプット」するか（スケッチ、絵コンテ、文章など）はファシリテーターがルールを設定しておく。できたものをチームの共有スペースに展示しておけば、さらなる会話のきっかけにも、クリエイティブな作業を楽しくおこなうリマインダーにもなる。

空欄に入れることばは、いま取り組んでいる分野に関連するものに限定するなど、あらかじめ精選しておくのも手だ。MITメディアラボにはデザインワーク用のことばのプラット

フォームがあり、人工物、インスピレーション、体験、属性、媒体、に関することばが集められている。わたしたちの「儀式デザインラボ」が開発したアプリ IdeaPop は、日々の仕事をデザインするためのことばの宝庫だ。新しい儀式をデザインするヒントになるフレーズ、コンテクスト、ツールがそろっている（2024 年 3 月現在、日本では提供されていない）。

この儀式をプロジェクトのためのアイデア出しに活用する場合は、なおのこと、組みあわせて使うことばを吟味してそろえたほうがいい。

お陀仏プロジェクトのお通夜

失敗をたたえることで、
リスクを恐れず挑戦するよう促す

⑥ お陀仏プロジェクトのお通夜

こんなとき

新しい試みがうまくいか
なかったとき。

組織儀式

組織でおこなうが、規模
を小さくしてチーム単位
やチーム横断でも可能。

用意するもの

+ そのプロジェクトが
  失敗に至った経緯
  を説明するパネル
+ 明るいムードを演
  出するスイーツなど

難　度

【中】。
会場と飲食物を用意し、
失敗したチームに簡単な
プレゼンテーションをし
てもらう。

内容

　チャレンジしたうえでの失敗をたたえる儀
式。これからもリスクをとることを促し、気持
ちの整理をしてもらう。音楽と飲食物を用意
し、チーム全員に集まってもらう。リーダー
たちがその失敗に簡単に触れ、チームメン
バーにねぎらいのことばをかけたうえで、失
敗を恐れるなと伝えるのもいいだろう。つま
り、チャレンジすることを促すわけだ。この
儀式はある製薬会社でおこなわれているもの
ので、かなりの確率で失敗するのが当たり
前の環境下で、社員のエンゲージメントや

モチベーションの維持を図っている。[26]

　設定はお通夜と同じで、飲食物、音楽が用
意され、仲間たちが集まる。メンバーにとって
は、失敗を振り返る場、リーダーたちにとって
は、組織の基本的な価値観を改めて確認する
場になる。

やり方

　この儀式をおこなうのは、プロジェクトが
大きくポシャったときだ。コードを変更した
ためにウェブサイトを一からつくり直すはめ

になる、会社をあげての実験的な試みが期待
した成果をあげられず中止せざるを得ない、
など。軌道修正できる場合もあれば、長年の
努力が水の泡となる場合もあるだろう。

● **オンラインではなく、実際に集まってもらうイベントとして、敬意は払いつつも、楽しいものにする**。失敗したプロジェクトに関わった全員を招き、言いたいことがある人には話をしてもらう。

● **チームリーダーは弔辞のようなあいさつを用意しておく**。そのプロジェクトの歩みに触れ、関わった全員の労をねぎらう。

● **さらに、今回の失敗に懲りず、リスクのある大胆な試みにこれからも取り組んでもらいたいこと、この失敗を恥じる必要はないこと、さらに画期的なアイデアに挑戦するのを思いとどまってはいけないことも伝える**。

製薬会社ロシュは、期待していた新薬のテストがうまくいかなかったとき、その開発チームを招いてシャンパン昼食会を開いている。[27]たとえ失敗しても、引き続きクリエイティビティを発揮して新薬開発に邁進してもらうためだ。この昼食会のおかげで、開発チームは気持ちに区切りをつけられるし、リーダーは、支持や理解を示す機会になる。この儀式がうまく機能すれば、プロジェクトが失敗に終わる確率が高い業界でも、エンゲージメントの維持につながるはずだ。

もっと簡単におこなう方法もある。ちょっとした失敗なら、みんなでその場でたたえるのだ。励ましのことばをかける、とっておきのお菓子を食べる、ちょっとした贈り物を交換するなど。物事の改善を試みたうえでの失敗なら問題ないことをそのつど確認するのだ。

サプライズ現場視察

オフィスの外に出て、共感をもって現場とつながる

サプライズ現場視察

こんなとき

現場に対するリーダーの共感を育み、イノベーションのきっかけを探る必要があるとき。

組織儀式

組織でおこなうが、規模を小さくしてチーム単位やチーム横断でも可能。

用意するもの

＋　訪問先への行き方
＋　メッセージアプリ

難度

費用、計画ともに【高】。出張の調整と経費が必要。

内容

オフィスや役員室にこもっているリーダーたちを現場へさっと向かわせ、日常業務から離れさせる儀式。その日の予定は脇へ置き、丸1日、担当事業の顧客に会って話を聞き、現場の様子をしっかり視察してきてもらう。重要なのは、現場にいる人たちへの徹底的な共感と、クリエイティブな発想への新たな道筋を見出してもらうことにある。

サプライズパーティーのように、事前には知らせず、いつもどおり出社してもらう。

そこで、今日は丸1日、顧客について回ったり、現場の一員として働いたりしてもらう旨を伝える。

この儀式には、象徴的かつ機能的な目的がある。丸1日、訪問先で話を聞いたり現場の様子を視察したりすることで、共感の重要性を再認識するはずだ。また、実際に顔をあわせることで、相手が抱えている具体的な問題の共感的理解を促し、結果的に、よりよい仕事にもつながる。

やり方

サプライズパーティー同様、内緒で準備を整える。おとりイベントを別に用意しておき、当日になって始めて、あらかじめ用意しておいた現場視察を伝える。訪問する社員や訪問先を事前に決めておいてもいいし、具体的な状況を設定し、社員と訪問先のロールプレイングをする方法もある。

訪問先の情報はあまり詳しく知らせない。達成すべき具体的な「任務」も指示しない。この儀式で重要なのは、サプライズであること、臨機応変に対処すること、細部までもらさず視察し、あとでその意味を理解できるようにすることである。ゲリラ的なものだから、きちんと計画しないほうがいい。訪れる人間が現場の状況にあわせることが大切なのだ。

その日の終わりに、訪問先の人たち全員に礼を言う。現場を見せてもらったことに対して、手土産などで感謝の気持ちを伝えるといいだろう。帰路は報告会をしてもいい。スケッチにまとめたり、気づいたことを書き留めたりして、その日に感じたことを忘れないようにし、今後の仕事に活かす。

応用するなら

　この儀式はいろいろと応用できる。ある企業のCEOは、自家用ジェット機に幹部チームを乗せ、自社が提供しているサービスでトラブルを抱えていたある顧客のところへ送った。幹部たちは、その顧客と直接話をし、自社のサービスを相手の立場で考えながらやりとりする必要に迫られた（抽象的概念で顧客全般の議論をするのとは大違いだ）。

　別の例として、コロンビアの家電会社アセブのCEO（次ページで詳しく紹介）は、リーダーたちを同社の配送トラックに同乗させ、現場の苦労をじかに体験させた。まったく異なる視点を持ってもらうためだ。

　靴を中心としたアパレル通販小売業ザッポスも、似たような儀式を新人研修に取り入れている。新人は、入社後の数週間、カスタマーサービスに配属されて電話応対する。顧客の気持ちをよく理解し、どんなことを必要としたり欲しがったりしているかに気づいてもらうためだ。その後どこに配属されようと、顧客や同僚とじかにやりとりする能力は欠かせない。

　この儀式は、会社ですでにおこなっている人がいるかもしれない。デザイナーやリサーチャーが、共感的なマインドセットで現場に出向くこともそうだ。この儀式は、組織のどんな立場の人にも有効だ。相手の仕事内容や自分の仕事が、顧客やユーザーにどんな影響を及ぼすかが理解しやすくなるからだ。パーパスの再認識や、イノベーションの新たな方向性のヒントにもなりうる。

シプリアーノ・ロペス
Cipriano Lopez

アセブCEO

儀式に取り組むようになったきっかけ

　コロンビアの家電会社アセブのＣＥＯであるシプリアーノは、現場視察の儀式を活用することで、社員が顧客の暮らしや置かれている状況について理解を深め、常に顧客中心で仕事を進められるようにしています。

　このアイデアを思いついたのは、売上が厳しかったある年の翌年のこと。シプリアーノみずから販売店を訪れ、顧客に話を聞くようになったのです。その結果、まず、もっと素早く問題に対応すること、顧客を問題解決のプロセスの最後ではなく、中心に据えることを徹底しようと考えました。ところが社内には浸透していかず、事態は変わりませんでした。それがきっかけで、幹部、現場、顧客をつなぐ、なんらかの策が必要だと気づいたわけです。

　そこで、幹部会議のやり方で試してみました。四半期ごとの幹部会議を、車での特別出張に置き換えたのです。いまでは、会議室にこもるのではなく、シプリアーノと幹部全員が車で街から街へと回り、現場で働く社員や顧客に会って話を聞き、現状理解に努めています。なかなか変えられなかった職場文化（ワークカルチャー）が、一緒に現場へ出て行くようになってから、魔法のように変わったそうです。

　シプリアーノたちは、こうした現場視察を精力的にこなしました。連絡はすべてWhatsApp のグループチャットでおこないます。朝５時に起きて車で移動し、ときには１日５、６都市を訪れ、取引先や販売員に話を聞きます。地元の料理を一緒に食べながら親交を深めます。楽しく引き込んでいくことが一番、とシプリアーノ。幹部一同がそろって来てくれたとなれば、現場の社員たちの働き方に関する考え方も一変します。社員との隔たりの原因である、現場知らずのトップたち、というありがちなイメージを壊すのです。

得られたこと、学んだこと

　この現場視察は、社内の誤った認識にも影響を及ぼしました。幹部が現場に出て行き、配送車に同乗して冷蔵庫の搬送を手伝ったり、一緒に問題解決するようになったりしたことで、営業の人間と幹部が互いに抱いていた考え（幹部はキツイ仕事をしたがらない、など）も変わったのです。シプリアーノは、社内の垣根が低くなり、上下関係なく、みんなが同じ目標で仕事をしていることの再認識につながったといいます。

　新たなサービス提供の機会も見つかりました。ある現場を訪れたときに、家電製品によっては修理部品の調達が難しく、かなり待たされることがわかったのです。いまでは、より素早い修理を提供する新サービスによって、この問題を解決しようとしています。

　この現場視察は、管理職になったばかりの社員への研修にも取り入れられています。アセブでは、管理職になるとまず現場に出て、配送トラックに同乗したり、顧客の話を聞いたりします。また、部下の家庭を訪問し、現状理解に努めるようにしています。

職場文化をよりよくしたい人へのアドバイス
（ワークカルチャー）

　シプリアーノは、こうした儀式をまねるのは簡単ではあるが、形だけまねても意味がない、と言います。シプリアーノが現場視察を始めたのは、自身が旅好きだったのがきっかけでした。かつてはバックパックを背負ってよく旅

をし、行く先々で地元の人に話を聞いていたので、そうすることが身についていたのです。ただ、だれにでもできることではありません。だからこそ、チームに経験を積ませる必要があるのです。こうした活動に慣れ、自分たちでやる気を引き出せるよう後押しするのです。たまにはメール、会議、スマートフォンから離れるのも楽しいものです。新たな見方ができるのはすばらしいことです。

　ポイントは、少人数でおこなうこと。ただし、参加者の経歴や属性には多様性をもたせます。仕事で回っている自覚は必要ですが、楽しむことも重要です。訪問先の話にしっかり耳を傾ける姿勢も大切です。訪問を喜んでくれる営業スタッフや現場スタッフが、自社のよい点も悪い点も率直に語ってくれることは少なくありません。したがって、訪問先で約束したことは、責任を持って果たせるようにしなければなりません。現場でクリエイティブなやりとりができるよう、前もって準備しておくといいでしょう。

　それぞれが自社ならではのやり方を確立すべきだ、とシプリアーノは言います。基本的な考え方を取り入れたら、あとは自分たちで問題点とその対策を見つけるのです。プロセスをきちんと踏みつつも、謙虚であること、つまり、コントロールは手放すけれど、社員がリスクを冒したり柔軟に対応したりしながらクリエイティブな機会を見出せる、そんなしくみをつくり上げていくことが非常に重要なのです。

シュールな似顔絵
回し描きでチームのインスピレーションを刺激する

シュールな似顔絵

こんなとき

クリエイティブなセッションの始めに、チームワークとアイデア出しを刺激する必要があるとき。

チーム儀式

会議やワークショップを始める前におこなう。

用意するもの

+ 紙
+ ペン
+ タイマー

難度

費用、計画ともに【低】。紙とペン、それに会議の始めの10分ほどの時間。

内容

クリエイティブな作業をこれから一緒におこなっていくチームで回し描きする儀式。シュールレアリストたちがおこなっていた「優美な屍骸(しがい)」というゲームにヒントを得ている。文章や絵の一部だけを書いたり描いたりして次の人に回していき、完成させていく。

この儀式では、たとえばひとり1枚紙を渡され、ほかの人の顔の一部だけ描いて次の人に回していき、1枚の似顔絵を完成させる。最初の人は頭部を、2番めの人は目を、3番めの人は鼻と口を、4番めの人はあごのあたりから肩にかけてを、それぞれ描く。

目的は、チーム全員が協働して、短時間で面白おかしくクリエイティブな作業をおこなうこと。仕事に無関係なものを互いにつくり出すこと。それぞれの表現スタイルを組みあわせる、ほかのメンバーに注意を払う、という感覚をつかむことにある。

やり方

似顔絵を描くという手軽な協働で、クリエイティブなセッションを刺激する。

● **ひとり1枚ずつ紙をとり、4つ折りにして、一番上に自分の名前を書く。**

● **その紙を隣の人に回す。**書いてある名前の人物の似顔絵を4分の1ずつ描いては隣の人へ回していく。

● **最初の人は、頭部から4分の1の部分を、次の人はその次の4分の1（目のあたり）を、という具合に上から順に描いていき、似顔絵が完成するまで続ける。**

● **完成した似顔絵はスキャナで取り込み、コラージュしてノベルティやポスター仕立てにしてもいい。**

応用するなら

ほかにもいろいろ応用できる。たとえば、互いによく知らない人同士を大勢集めてブレストをするとき、まずは、それぞれ隣にいる人の似顔絵を描き始めてもらう。20秒ほどたったら「はい、次へ」と呼びかけ、その絵を次の人に渡してもらう。続きを描いてもらい、20秒ほどたったらまた「はい、次へ」のかけ声で、3番めの人に仕上げてもらう。楽しく和やかな雰囲気づくりに役立ち、信頼関係が生まれるようになる。

クリエイティビティを人のために発揮するのにも使える。チーム全員が紙を3つ折りにし、思いついたアイデアをひとつ書いて次の人に渡す。2番めの人は、そのアイデアがうまくいきそうにない理由を書き、次の人に渡す。3番めの人は、そのアイデアと批評を読んだうえで、改善案を書く。こうすることで、最初のアイデアに批評と改善案が加わり、ひとりだけのアイデアではなくなるわけだ。

手作りギフト交換

ちょっとしたものを手作りすることで
クリエイティブなセッションを始める

手作りギフト交換

こんなとき

ワークショップを始める
ときなど、クリエイティブ
なモードに入ってもらう
必要があるとき。

チーム儀式

チームでおこなうが、
組織でも可能。

用意するもの

+ 　紙
+ 　はさみ
+ 　テープ、リボン類
+ 　その他材料

難度

費用、計画ともに【低】。
基本的な材料だけそろえ
ておけばいい。

内容

　クリエイティブなセッションの始めにこの
儀式をおこない、自由気ままに試せるよう
な雰囲気をつくる。簡単な準備ですぐ始め
られる。基本的な材料さえ用意しておけば
いい。テープやリボン類、紙、はさみ、アル
ミホイル、クリップなど、身近にあるものな
らなんでもいい。

　少人数にチーム分けする。各チームは、右
側にいるチームに贈るギフトを5分で作る。
手元にあるものならなにを使ってもいい。

意外性があるものや会話につながるもの
がいいだろう。5分たったら、全員の前で1
チームずつ順番にギフトを渡していく。どの
チームもギフトを渡し、相手チームから感
謝される。

　感謝の気持ちを表すちょっとしたギフト
で、互いに親しみを感じるようになるはず
だ。ごく基本的な材料からちょっとしたも
のを作り出せることも実感できる。これか
ら一緒にクリエイティブな作業をする際の
ハードルが下がるはずだ。

特技フェス

隠れた技能をだれもが披露できる

10 特技フェス

こんなとき

クリエイティブ面での
リーダーシップをみんな
から引き出す必要がある
とき。

組織儀式

組織でおこなうが、チーム
や部門単位でも可能。

用意するもの

+ 　予定表
+ 　各活動に必要なもの
+ 　講師役への感謝の品

難度

計画は【高】、費用は【中】。
1日がかりのイベントで
感謝の品の準備もある
ので、時間もリソースも
必要。

内容

　日常業務から離れた休日気分でそれぞれ
の特技を披露しあう、お祭りムードの儀式。
得意料理、モノづくり、ダンス、手工芸といっ
た技能を教えあう。「アンカンファレンス」式
に、それぞれが教えたいこと、教わりたいこと
を共有しながら、参加者主導で当日の方針を
決めていく。

　ピンタレストが開発したこの儀式は、「編
み物のようなつながり」という同社の基本的
価値観がベースにある。「ニットコン」という

イベントをおこない、社員みんなが自分の特
技や研究内容をシェアし、学びあいや新たな
ものを生み出す場になっている。職場に自分
をまるごと持ち込むよう促し、社員同士が気
づかなかったつながりを見出して、ふだんの
仕事ではシェアされることがない才能を認め
る機会でもある。[28]

やり方

　ピンタレストのデザインチームが「ニットコ
ン」を考案したのは、いくつかの技能をシェア
するアンカンファレンスにヒントを得てのこと

だった。開発者、デザイナー、教育者、ジャーナリストなどが集まり、知識や戦略を分散型イベントで披露しあっていたのを参考にした。

この「ニットコン」も、基本的なしくみだけつくり、あとは講師役の社員たちに内容や時間割をつめていってもらった。

- 「特技フェス」の開催を知らせ、「講師」役となって隠れた特技を披露してくれる人を、全社員から募集する。

- イベント当日の時間割をオンラインで作成する。1コマ20〜30分程度。「講師」役に希望の時間帯を登録してもらう。

- 当日は、まずウォーミングアップ（ジャンケン大会など）をおこない、全員一緒にその日1日をしっかり楽しむムードを盛り上げる。

- 講師全員の名前を中央エリアに掲示して感謝の意を表し、イベントの「主役」扱いにする。参加者全員に配るノベルティがもしあれば、講師の名前を記したものにしてもいいかもしれない。講師全員に感謝の品を渡す。

- 学びの場だけでなく、飲食を伴う親睦会も兼ねる。

- ビジュアルやちょっとした体験イベントで、特別な1日であることを印象づける。

- 飛び入りイベントもアリ（ボードゲーム勝ち抜き戦など）。方向性は社員が決める。

披露する特技はなんだってかまわない。タピオカティーの作り方、バレエの基本動作、水彩画入門、サルサソースの作り方、フラの踊り方、ピクルスの漬け方などなど。社員の才能や興味の対象にスポットライトが当たるように、内向的な人にこそ進んで取り組んでもらえるようにする。

応用するなら

ピンタレストの「ニットコン」はもう数年続いていて、毎回規模が大きくなり、数千人の社員が参加している。それまでにないタイプのイベントになったのは、主催者が社員に場のコントロールを任せざるを得なかったからだ。それでも、このイベントの根幹にある

「謙虚な」文化のおかげで、講師役を募り、イベントを引っ張ってもらうようサポートすることができた。

結果的に、参加した社員のつながりがたちまち深まり、ふだんの仕事では知る機会のない隠れた特技に気づくようになった（控えめで、自慢しないのが同社の文化）。おかげで、元バレリーナ、元プロスポーツ選手、筋金入りアウトドア派、料理や絵がプロ並みなど、社内にはいろんな人がいることがわかった。

参加した社員からの評価は非常に高く、賛同すると答えた人が95パーセントを下回ったことはない。同社が成長中だった時期は特

に、その文化を揺るぎないものにし、その中心となる企業気質の拡大に一役買った。このイベントは多くの社員にとって「ピンタレストのリアル版」であり、趣味をシェアしたり、新たなアイデアを試してみたり、ほかの人のスキルを認めたりする場となった。

「ニットコン」は丸1日がかりのイベントだが、小規模のワークショップにすれば、ほかの企業でも応用できる。それぞれが特技を短時間で披露し、教えて回るのだ。

重要なのは、特技を披露してくれる人を「主役」にすること。その人とその特技にスポットライトを当てて、感謝の気持ちを表すことだ。

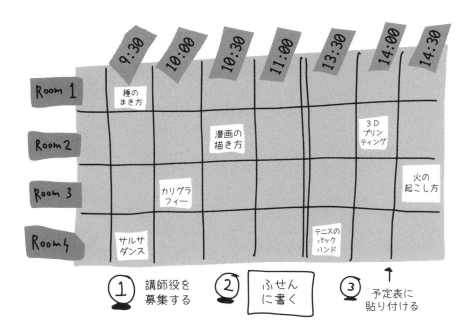

ローラ・マイナー

Laura Miner

ブランド・デザイナー
バディバディ・スタジオ創設者

儀式に取り組むようになった きっかけ

　ブランド・デザイナーのローラは人間関係に強い関心を持っています。特に力を入れているのが、儀式を支えるストーリーとものづくりです。

　ローラが考えた儀式の多くが、コミュニティづくりや支持団体で活用されています。2017年初めに考案して配布した「愛は必ず勝つ（Love Will Win）」のポスターは、実に多くの抗議集会で数千人をデモ行進に駆り出しました。

　ローラの子どもが通っている小学校の評判がいまひとつで、なにをしてもどうせダメ、という雰囲気を、なんとか活気あふれるものにしたい、と考えたときも、この小学校のオリジナルトレーナーとボタンを作り、親や近所の人たちが「ファンダム〔熱心な応援団〕」の印を身につけられるよう

にしました。電気自転車の催し物のときにも、オリジナルロゴを作り、「ノーカー児童〔通学に車を利用しない子どもという意〕」と書かれたボタンとステッカーを用意して、新たな通学手段の利用を保護者に促したこともあります。

　儀式を生み出すことは、要するにフレーム化することだとローラは考えています。新たな行動を促すうえで、デザインがかなり有効だと気づいたのです。

得られたこと、学んだこと

　仕事のペースが速く、変化が絶えない環境では摩擦が起こるものです。摩擦には組織再編によるものもあれば、意見の相違、個人のフラストレーションによるものもあるでしょう。それぞれの積極的な関わりで、こうした摩擦を和らげることがとても重要になります。四半期ごとの社外イベント、チームの食事会、ちょっとした飲み会など

は、くだらないように思えるかもしれませんが、その逆なのです。ローラはこうした活動を、車のオイル交換のようなものだと考えています。定期的におこなわないとパフォーマンスの低下につながり、もっと大がかりな修理が必要になる恐れがあるのです。

特技フェス裏話

　10年ほど前、「フーキャンプ（Foo Camp）」というイベントをきっかけに、ローラの人生と仕事は一変しました。「フーキャンプ」はハイテク技術者やクリエイターが集まる一種のアンカンファレンスで、参加者が自発的かつ柔軟にスケジュールを組みながらイベントを主導しています。そもそもは2003年に、技術系出版社オライリーのサラ・ウインジとティム・オライリーが「オライリーの仲間たち」のオフィスを通信機器でつなぎ、泊まり込みの緊急会議をおこなったのが発端でした。いまでは、ハイテクの精鋭たちがアイデア交換する、独立した一大イベントに発展しています。

　「フーキャンプ」にヒントを得たものは数え切れないほどあり、「バーキャンプ（Bar Camp）」（プログラミングのスラング「foobar」からのネーミング）はその一般向けバージョンと言えます。ローラ自身が考案したイベントの多くも、フーキャンプに着想を得たものです。

　ローラは、「フーキャンプ」やアンカンファレンスといったコンセプトには大いに興味をひかれたものの、参加者主導型あるいは技能をシェアするといったイベントがなぜそれほど盛り上がるのか、そのツボがわかりませんでした。参加者自身もわかっていなかったかもしれません。自分の存在意義を感じられ、だれでもすばらしいアイデアを思いつけるし、心のなかの情熱に再び火をつけられる、そんな新たな場を生み出す方法がたまたま見つかったのかもしれません。

　そして、このやり方がピンタレストには抜群にあっていたわけです。コンセプトを提案したローラは、ピンタレストの社員が非常に優秀だと感じました。時間を忘れて熱中しますし、謙虚さを重んじる企業文化なのです（自慢げな人は相手にされないということ）。

　「ニットコン」（この前にある「特技フェス」を参照）をとおして、人になにかを教えることで、社員はまるごとの自分を初めて見せられるようになり、また全社員が新しい趣味や楽しみの世界を「オフライン版ピンタレスト」として試せるようになりました。

　ほかの企業や組織にこの種のイベントを勧めるか、という問いにローラは、もちろん、と答えています。イベント企画会社を経営する立場のローラが積極的に勧めているのは、自分の存在が認められていると感じ、つながりあい、本当の自分をさらけだして知識を共有できるやり方です。細部はちがっても、その価値観は同じなのです。

これからの働き方への期待

　第1回「ニットコン」ですばらしい講演
をおこなった人がいました。米航空宇宙局
（NASA）のアダム・ステルツナーです。ロ
カビリースタイルが似合う科学者アダムの
話は含蓄に富むものでしたが、なかでも、
ローラの頭から離れないアドバイスがあり
ました。それは、可能なかぎり最高の未来
を思い描き、そこに向けて日々努力しよう、
というものです。ローラ自身が思い描いて
いるのは、車より自転車がメインで、豊か
な緑に囲まれた都市です。そんな世界に暮
らし、働くことを心から楽しみにしているそ
うです。

第４章

パフォーマンスの向上や
フローに
つながる儀式

Performance and Flow Rituals

この儀式は、仕事上の難しい局面を乗り切る、
不安とうまくつきあう、目標達成に集中するのに役立ちます。
重要な会議やプレゼンの準備中、試用期間中、
あるいは期限が決まっている仕事が多すぎて途方に暮れているとき
など、先行きがよく見えないときでも、平常心を保ちやすくなります。

儀式に伴う繰り返しや動作のおかげで、
フロー状態に入りやすくなったり、自信を高めやすくなったりします。
これまでの研究調査でも（第1章参照）、儀式をおこなうことで、
気持ちが落ち着く、不安が軽減される、フロー状態に入りやすくなる、
といった効果がわかっています。

また、儀式の様式にしたがうことで
気が散るものをブロックする効果もあり、
よりよい働き方のルールを
自分たちで決めることにもつながります。

「パフォーマンスの向上やフローにつながる儀式」は
こんなときに役立つ

[個人]

+ 　集中力を高める
+ 　気が散る原因をなくし、重要な仕事に没頭する
+ 　難しい局面において気持ちを整える
+ 　平常心を保ち、自信を高める

[チーム]

+ 　集中する
+ 　企画が前進するよう促す
+ 　重要な仕事にとりかかる前にチームのパーパスを再確認する

[組織]

+ 　チームのスケジュールの遂行に集中する
+ 　仕事の意義や目的を常に忘れないようにする
+ 　2人1組でパフォーマンスを向上させる

パフォーマンスの向上や
フローにつながる
10の儀式

集中力、自信、生産性を高める

フォーカス・ストーン

集中力を視覚化する

フォーカス・ストーン

こんなとき

大事な仕事に集中しなければならないとき。特に、自由度の高い仕事をしている人が、クリエイティブで難しい作業を仕上げてしまわなければならないとき。

個人儀式

個人でおこなうが、時間を指定すればチームでも可能。

用意するもの

+ 　フォーカス・ストーン（あるいはそれに類するモノ）
+ 　ヘッドフォン

難 度

費用、計画ともに【低】。

内容

ちょっとしたモノ（石でもなんでもいい、小さめのモノ）をひとつ用意し、仕事に集中している状態のシンボルにする。

やり方はとても簡単。フォーカス・ストーンを仕事場に置き、すべきことをやり遂げる意思を声に出してから、仕事にとりかかる。タイマーをセットしてもいい。フォーカス・ストーンが置かれている間は、集中し続けるのがルール。セットした時間になるか、作業が完了するかしたら、フォーカス・ストーンに感謝して片付ける。

このフォーカス・ストーンが特別な力のシンボルになる。これが身近にある間は力が与えられ、「深いフロー状態」に入ってまわりのことが気にならなくなる。力を借りるのは、ここぞというときだけにする。頼ってばかりいたら、特別な力がなくなってしまうからだ。

やり方

多大な集中力を要する仕事（デザイン、執筆などのクリエイティブな作業）に、志向性と

習慣性を積み重ねていく儀式。この時間はこの作業に集中する、と心に決めやすくなる。そうしないとつい後回しにし、時間も集中力もそれほど要しない作業を優先してしまいがちだ。小道具と意思表明は、自分で時間を確保しなければならない人（博士論文を書いている人など）には特に力になる。従うべきルールになるからだ。

石である必要はもちろんない。自分にとってシンボル的な意味の強いものがいいだろう。

なんならキューブタイマーでもかまわない。カウントダウン機能付きなら、集中力を維持したい時間を設定できる。石にしたのはdスクールの儀式デザインクラスの学生で、シンプルなもの、という理由で選んだそうだ。

さらに、この儀式の最中には、派手な色のヘッドフォンをつけておくといいかもしれない。コワーキングスペースや職場のほかの人たちに対し、重要な仕事に没頭中だから邪魔しないで、という合図になる。

顔を
たたく

パワーボタン
に触れる

仲間内の握手

できる
できる
できる

まじないを
繰り返し
唱える

手足でリズムをとる

キャッチボール
をする

気合い入れ動作
重要な局面の前に気持ちを整える

12 気合い入れ動作

こんなとき

極度に緊張する場面、重要な局面でパフォーマンスやプレゼンをおこなう直前。

個人儀式

個人でおこなうが、チームでも可能。

用意するもの

＋ まじないのことば、マントラ、歌詞、モノなど

難度

費用、計画ともに【低】。

内容

　重要な局面の直前にちょっとした身体の動きを取り入れる儀式。スポーツ選手が試合や競技の前におこなっているものにヒントを得ている。たいてい、一連のちょっとした動作で、それにあわせて特別なことばを繰り返し唱える場合もある。いずれも、高度なパフォーマンスが期待されている場に臨むときに、集中し、うまくいくよう心身を統一した状態に持っていくのが狙いだ。商品やサービスの売り込み、交渉、役員会議、大勢を前にしたプレゼンなどの前におこなうといい。

　こうした儀式で、気持ちが落ち着いて感情が整うことが、研究からわかっている。意気込みを声に出すことで、やる気や自信を高めることにもつながる。

やり方

　スポーツ選手が試合前におこなう気合入れから、役者が舞台裏でおこなうウォーミングアップまで、さまざまな例がある。

　よく知られているのが、ニュージーランドのラグビーチームによるハカだ。競技場に出る

と、まずリーダーが大声を張り上げる。「おまえら覚悟しろ。俺たちは手強いぞ。死ぬ、死ぬ。生きる、生きる」。リーダーに続いてほかの選手たちも同じことばを繰り返しながら、全員で同じ動作をする。選手たちの闘争心を煽り、士気を鼓舞し、対戦チームを威嚇するのが目的だ。もともとは、先住民マオリ族の戦いの舞踊で、その動作やことばには怒り、そして歓喜も込められている。

ほかにも、プレゼンなどを控えたチームがキャッチボールをする、というものもある。以下のように、なにかのことばをきっかけに、ボールを次々と渡していく。

- **だれかがことばの条件を指定する。**
  例「赤い食べ物」

- **ボールを受けとった人は、その条件に当てはまることばを大声で言う。**
  例「リンゴ」

- **そして、ほかのだれかにボールを投げ渡す。**ボールを受けとった人は、また別のことばを言わなければならない。
  例「トマト」

- **ことばが出尽くすか、2分たったら終了する。**

- **重要なパフォーマンスの前に、リラックスし、つながりを感じ、チーム全体が集中して取り組めるようにすることが目的だ。**

アイシェ・バーセル
Ayse Birsel

バーセル＋セック・スタジオ
デザイナー、アーティスト、著述家

儀式に取り組むようになったきっかけ

　アイシェの仕事をひとことで言うと、脱構築および再構築の創造プロセスを活用し、人々がクリエイティブなモードにスムーズに入れるよう手助けすることです。アイシェはその着実なプロセスで、人々のクリエイティビティを高めていきます。最初からベストアイデアを出さなければ、といった不安や重圧を乗り越え、すばらしいアイデアに一歩ずつ向かっていけるようにするのがアイシェのやり方です。

　儀式は、こうしたプロセスのカギなのです。クリエイティブに適した精神状態に入ってもらうために活用しているほか、アイシェ自身もクリエイティブな作業をするときに活用しています。第3章で出てきた「儀式1 落書き日課」(60ページ) も、1分でさっと描くことで、まったくの白紙に対する不安を克服するのが目的です。

　クライアントのクリエイティビティを引き出すことにも儀式を活用しています。シュールレアリストたちがおこなっていた「優美な屍骸」というゲームにヒントを得て、クライアントたちと絵描きゲームをおこなっています。驚くような作品ができることも少なくなく、緊張がほぐれて笑い声があがることもあるそうです (「儀式8 シュールな似顔絵」87ページ)。

　ほかにも、ミーティングの始めに活用しているのが、自己紹介の際にいまの気持ちを話してもらう儀式です。そのとき感じていることなら、なんでもかまいません。渋滞でこのミーティングに遅れてしまいどぎまぎしている、とても楽しみにしている、期待と不安がないまぜ、など、なにを話そうと自由。思っていることを口に出す機会を与えることで、感情を解き放ち、ミーティングに集中してもらうのが目的です。

儀式から学んだこと

儀式が不安を乗り越えるのに役立つことを、アイシェは身をもって知っています。どれだけ経験を積もうと、なにかするときに不安はつきものです。儀式をおこなうことで、これから起こることを考えすぎたり心配したりする前に、すべきことに集中する、つまり儀式に背中を押してもらうわけです。

アイシェはこう言っています。「わたしのメンターであり、リーダーシップのコーチングで世界的に有名なマーシャル・ゴールドスミスに教えてもらった儀式があります。プレゼン前、特に大勢を相手に話す前に、ミュージカル『ショウほど素敵な商売はない』の主題歌を歌うのです。いまではうちの定番儀式となり、全員で円陣を組んで（サッカーやラグビーのチームのように）この歌を歌ってからプレゼンに臨んでいます。士気を高め、この瞬間に集中して、ビジネスの舞台に立つわけです。儀式をおこなうと、ちょっと大胆になれるのです」

これからの働き方への期待

テクノロジーが発達するたびに新たな儀式が生まれる、とアイシェは言います。録音手段がなかった時代は、音楽を聴きながら仕事をするなんて無理な話でした。子どもの頃、自分の部屋用に小型テレビを買ってもらったアイシェは、テレビを見ながら宿題をするようになり、勉強の仕方としてはまずかった、と回想していますが。

アイシェが落書き日課を始めた頃は、モレスキンのノートに、パイロット・ブラボーの黒ペンを使っていました。いまは、iPad に、タッチペンやタブレット専用の黒のハーフグローブ（指なし手袋）です。そのうちに、空中にホログラムで描くようになるかもしれません。描いたものがタブレットの上でホバリングしたりすれば、まるで映画の世界ですね。

表敬タイム
パーパスを認識したうえで、重要任務にとりかかる

13 表敬タイム

こんなとき

重要なこと（手術や講演など）をおこなう前。

チーム儀式

チームでおこなうが、個人でも可能。

用意するもの

＋　ことばや
マントラなど

難度

費用、計画ともに【低】。

内容

重要なイベント、会議、講演などの前に短時間でおこなう儀式。参考にしたのは、ベス・イスラエル・ディーコネス総合病院の医療チームがおこなっているものだ。[31]手術を始める前に、医師、看護師など、チーム全員が少しのあいだ手を止め、これから手術を施す患者に思いを向ける。

目的は、この状況で全員が常に思いやりを忘れないよう徹底することにある。マンネリを打破し、少し立ち止まって、これからおこなうことの重要性を再認識するとともに、チーム全員に感謝する。手術中に全員が維持すべきマインドフルネスの強化にもなり、ひいては、配慮、正確さ、共感にもつながる。

やり方

同院で手術前のチームがおこなっている手順は次のとおり。

● 手術前チェックリストを確認したら、チーム全員が手を止めて「表敬タイム」に入る。

● 患者がどういう人か、氏名はもちろん、家族の有無なども含めて、患者への配慮を忘れないよう、看護師がチーム全員に伝える。

● 全員で静かに祈る。

● 時間になったら、各自の仕事に戻る。

応用するなら

　ひとりでもおこなえる。作家のクレイ・シャーキーは、執筆の手を休めて人と会う前に、意識的に間をおくことを心がけている。少しだけ瞑想する時間をとり、頭のなかを切り替えるようにしているのだ。[32]

　少し間をおくことで、周囲の人たちや、仕事におけるより高次のパーパスに意識が向きやすくなる。頭の切り替えにもなる。こうした儀式で、注意力、共感力、チーム力などが高まり、任務にあたるマインドセットに持っていきやすくなる。

闇雲ライティング

クリエイティブ作業を阻害する完璧主義をなくす

⓮ 闇雲ライティング

こんなとき

集中力と自己認識を要する執筆作業のときなど。

個人儀式

個人でおこなうが、チームでも可能。

用意するもの

+ パソコン
+ 文章作成ソフト
+ 音楽プレイリスト
+ タイマー

難度

費用、計画ともに【低】。

内容

　集中力、細部への留意、クリエイティビティが求められる執筆作業がなかなか進まないときの儀式。自分の書いた文章がいちいち気になって仕方がない、主な壁のひとつである自意識を取り除いてくれる。

　絵画教室でおこなわれているウォーミングアップがヒントになっている。教室でなにかスケッチする際、手元を一切見ずに、ペン先を紙から離さずにおこなう。それのいわば文章版で、手元を一切見ずに、ひたすら文字を打ち込んでいくのだ。

やり方

　いたってシンプルな儀式。パソコンと文章作成ソフトがあればいい。パソコン本体はオンにしたまま、画面のみオフにする。

- **タイマーを15分後にセットする**。文章作成ソフトを立ち上げ、音楽プレイリスト（5曲分程度）を再生する。

- **文章作成ソフトの上にカーソルが表示された状態、つまり、キーボードで入力した文字が反映されることを確認する**。

- **パソコンはオンのまま、画面だけオフにする**。あるいは、限界まで暗くするか、画面に布をかけるかして、画面表示が目に入らないようにする。

- **タイマーをスタートさせる**。音楽が流れている15分間、キーボードを打ち続ける。

- **深く考えずに、手を休めることなくひたすら続ける**。重要なのは質ではない、量だ！

- **タイマーが鳴ったら画面をオンにする**。15分間打ち込んだなかから、使えそうなものを切り貼りしながら拾い上げていく。こうしてそれまでのフロー状態を保つようにしながら、引き続き執筆作業に取り組む。

　要は、なにかをひたすらおこなうことでウォーミングアップになり、クリエイティブ作業のフロー状態に入りやすくなるわけだ。完璧にしようと思わず、とにかく手を動かして、できたものを精査して使えるようにすればいい。

ここに触れたら

パワーアップ

パワーアップボタン
プラセボ効果で充電する

パワーアップボタン

こんなとき

気力や自信を蓄えたい
とき。

組織儀式

組織でおこなうが、
個人、チームでも可能。

用意するもの

＋　パワーアップボタン
　　として触れるもの

難度

費用、計画ともに【低】。

内容

　共通の象徴的行為を決めておき、質の高い、優れたパフォーマンスを発揮できるよう鼓舞するためのシンプルな儀式。

　ノートルダム大学アメフトチームのロッカールームにある貼り紙「優勝者らしくプレーしろ」にヒントを得ている。選手たちはこの貼り紙に触れてから試合に出る。ちょっとしたことでパワーをみなぎらせるわけだ。

　この儀式で触れるもの（貼り紙であれ、ボタン状のものであれ）が実際に特別な力を授けてくれるわけではない。要はプラセボ効果で、平常心にプラスしてちょっとした不思議な力をもたらすわけだ。

や り 方

● **パワーアップボタンや貼り紙に込めるメッセージ考える**。「ここに触れたら特別な
パワーがもらえます」「優勝者らしくプレーしろ」などが例だ。

● **形にする**。絵を描いたりプリントアウトしたりしたものを額入れして壁にかけてもい
いし、パワーアップボタンなど、触りやすいものを工夫し、壁にかけたり専用の場所
に置いたりしてもいい。

● **みんながよく通る場所に置き、ルーチンの一部になるようにする**。コーヒーメーカー、
エレベーター、ウォーターサーバーのそばなどがいいかもしれない。目標は、それ
に触れることがみんなの習慣になり、奮起し、自信をつけるのに日々活用してもらう
こと。

● **目標は、パワーアップボタンに触れることが習慣となり、奮起したり自信をつけたり
するのに日々活用するようになること**。

機内モードの午後

ネット接続できない環境をつくり、仕事に集中する

16 機内モードの午後

こんなとき

チーム全員で集中して取り組み、難しい任務を前に進めなければならないとき。

チーム儀式

チームでおこなうが、個人でも可能。

用意するもの

+ フォーカスカード
+ パソコン

難度

費用、計画ともに【低】。

内容

気が散るものが一切ない環境をつくり、フロー状態に入りやすくするシンプルな儀式。

かつてのフライト中の機内のような環境を再現しようというもの。フライト中はネットに接続できなかったため、ふだんある多くの誘惑がなかった。それと同じように、ネット閲覧、通知機能、ソーシャルメディアといった一切を一時的にブロックするのだ。

ネットの誘惑をなくし、個人やチームに深く集中してもらうことを目指す。一定時間、集中せざるを得ない環境にすることで、みんなが脇目も振らず、難しい任務を前に進めざるを得ないようにするわけだ。

やり方

● その日の午後はチーム全員に1か所に集まってもらい、各自「集中すべき仕事」に取り組んでもらう。専用の紙（フォーカスカードなどと呼ぶ）を用意して、これから集中する仕事内容をそれぞれ書いてもらってもいい。

● チーム全員が同じ機内の乗客、という設定にする。

● チームのだれかがその日の客室乗務員役を務める。各種デバイスの Wi-Fi をオフにするよう全員にお願いしたり、ときどき様子を見回ったりするなど、やることは機内と同じ。到着地も選べる。

● 客室乗務員役の合図で全員が Wi-Fi をオフにし、機内モードに入る。

● 機内の雰囲気づくりのため、なんならホワイトノイズを流してもいい。

● 「飛行時間」をセットする（少なくとも45分間）。

● 時間になったら、到着したこと、Wi-Fi をオンにしてもいいことを告げる。無事着陸したことに、みんなで拍手するのもいいだろう。

毎日の目標リマインダー

フォーカスすべきことを日々忘れないようにする

17 毎日の目標リマインダー

こんなとき

個人的もしくは仕事上の目標を自覚し、それに焦点を当て実行する自己管理力が必要なとき。

個人儀式

個人でおこなう。

用意するもの

+ リマインダー（タイマー、デジタルデバイス、頼める人など）

難度

費用、計画ともに【低】。

内容

自分の目標や人生における優先事項を日々思い起こすための儀式。

マーシャル・ゴールドスミスはこの儀式を考案し、自分が掲げた主な目標からぶれないようにしている。毎日決まった時刻にだれかに電話をかけてもらい、そのたびに６つの同じ問いかけをしてもらうのだ（マーシャル自身が書いた６つの問いかけは次のとおり）。[33]

+ 明確な目標を設定することにベストを尽くしたか。
+ その目標にもとづいて前進することにベストを尽くしたか。
+ 意義を見つけることにベストを尽くしたか。
+ 人や仕事に関わることにベストを尽くしたか。
+ 幸せな気分でいることにベストを尽くしたか。
+ よい関係性を築くことにベストを尽くしたか。

　マーシャルが答えているあいだ、電話の相手は黙って聞き、最後に励ましのことばをかけてから電話を切る。

やり方

　行動を変えるのは容易ではない。目標を設定したうえで、それを自覚し、持続する粘り強さが必要だ。この儀式で、目標を毎日思い起こすようにすれば、行動を変えることにつながる。

● **毎日再確認するための6つの問いかけを考える。**なにから始めたらいいかわからなければ、目標設定、幸福感、よい関係性の構築、エンゲージメントなど、マーシャルと同じテーマで始めてみる。

● **毎日問いかけてくれるよう、だれかに頼む。**ひとりでおこなう場合には、リマインダーをセットする。

● **人に頼む場合は、毎日同じ時刻にしてもらう。**ひとりでおこなう場合は、問いかけへの答えを紙に書く。ひとりでも毎回きちんと書くこと。

● **しばらく続けたら、いまの自分の状況を確認する。**問いかけと答えを毎日欠かさずに続けてきたか。答えになんらかの進歩が見られるか。

● **進歩していたら、自分にごほうびをあげよう。**ちょっぴり贅沢なランチにする、休暇をとる、新しい本を読む、といった体験型のごほうびにするといい。

　マーシャルは、問いかけ方をだんだん進化させていった。ごく普通だった問いかけを、意欲を問うものに手直ししたのだ。たとえば、「明確な目標を設定することにベストを尽くしたか」は、元は「明確な目標を設定したか」というものだった。このちょっとした違いで、答える当人の自覚が高まるのだ。

　この儀式の効果について、約5000人を対象にした調査から、マーシャルはいくつかのことを発見した。意欲を自問することで、自分が目標とする取り組みのどのあたりにいるかを自覚しやすくなるのだ。そして、その自覚によって、自己管理力や責任感が高まる。変化を起こす力も、変化し続ける粘り強さも出てくるのだという。

マーシャル・ゴールドスミス Ph.D.
Marshall Goldsmith, Ph.D.

ビジネスコーチ、教育者

儀式に取り組むようになったきっかけ

働く人々へのコーチングをおこなってきた経験から、なにをするにしても、わかりやすく体系化された儀式が必要、とマーシャルは考えています。

これは、リーダーシップから、健康管理、家族関係まで、人生のあらゆる面にも言えることです。

マーシャルの「儀式17 毎日の目標リマインダー」（124ページ）の開発に協力した娘のケリーは、バンダービルト大学の教授です。ケリーは、マーケティングと組織の研究をおこなうなかで、社員エンゲージメントに関する調査が、「仕事は有意義か」といった「他人事のような問いかけ」ばかりであることに気づきました。こんな問われ方をしたら、だれだって自分の問題を環境のせいにしてしまいます。

この気づきがきっかけで生まれたアイデアが、意欲に関する問いかけを日々の仕事（ワークライフ）に取り入れることだったのです。そうして練り上げてできたのが、「自分は○○にベストを尽くしたか」という「毎日の問いかけ」儀式です。このように問いかけることで、責任を持つこと、毎日繰り返し確認することが狙いです。実際、すばらしい効果が認められています。

職場文化（ワークカルチャー）をよりよくしたい人へのアドバイス

マーシャルはピーター・ドラッカーの組織論から引用してこう言っています。「組織（その文化も含む）に大きな変化を起こすためには、意思決定者を説得して引き込まなければならない」。つまり、重要な決定はそれを決める権限がある人によっておこなわれる、という事実を受け入れ、折りあいをつけなければならない、ということです。組織のありようを変えたければ、アイデアをうまくプレゼンし、未来にフォーカスすることが重要なのです。

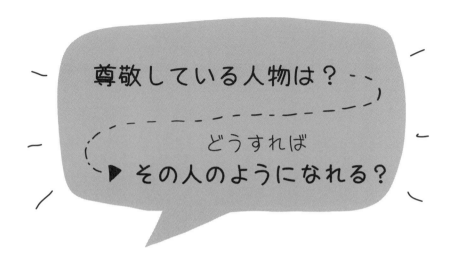

これからの働き方への期待

　マーシャルはいま、「ハンドレッド・コーチ」という新たなプロジェクトに取り組んでいます。仕事の内容や現役かどうかに関係なく、後世に長く伝えていこう、というものです。

　マーシャルは数年前に、デザイナーのアイシェ・バーセル（110ページ）が主催するプログラムに参加したことがあります。「自分が理想とする人生を設計する」という企画で、参加者は全員、自分が尊敬している人物の名前を書きました。

　マーシャルが書いた名前は次のとおりです。フランシス・ヘッセルバイン（ガールスカウト米国連盟元ＣＥＯ、大統領自由勲章受賞者）、

アラン・ムラーリー（フォード・モーター元ＣＥＯ、2011年米国最優秀ＣＥＯ）、ジム・ヨン・キム博士（第12代世界銀行総裁）、ピーター・ドラッカー（現代経営学の父）、ポール・ハーシー（著述家、講師、自分のメンター）、ウォーレン・ベニス（リーダーシップ論で有名）。次にアイシェから、その人たちを尊敬している理由を書くように言われました。マーシャルは、いずれも「人生のすばらしい師」であり、「懐が深い」から、と書きました。最後に参加者たちは、「その人物になったつもりで」理想とする人生をデザインするよう、発破をかけられたのです。

　このプログラムがきっかけでマーシャルが思いついたのが、自分の持てる知識のすべてを15人の人に無償で教える、というものです。

この15人には、さらにほかの15人に無償で教えることで「恩送り」してもらう、これがプロジェクト「ハンドレッド・コーチ」です。マーシャル自身、多くのすばらしい師やリーダーにずいぶん助けられてきました。しかも、見返りを求められたことは一度もありません。こうしたすばらしい人たちに支えられてきたおかげでいまの自分がある、そのことを忘れないための方法なのです。

完了作業のコンポスト
やり終えたことを視覚化する

18 完了作業のコンポスト

こんなとき

やるべきことが山ほどある状態のストレスを減らしたいとき、進捗感を視覚化する。

個人儀式

個人でおこなうが、チームでも可能。

用意するもの

+ To-Do を書くふせん
+ 透明の容器

難度

費用、計画ともに【低】。

内容

　仕事の進捗具合をはっきりと感じられるよう、視覚化する儀式。やるべき作業をふせん1枚に1件ずつ書く。作業が完了したらそのふせんを破き、透明の容器に入れていく。

　一作業終えるごとに、破いたふせんがかさを増していくから、完了した作業量がひと目でわかる。完了した作業のふせんがどんどん積み重なっていき、進捗具合が目に見えることで、仕事につきものの不安やストレスを軽減できる。やるべきことが山積みで圧倒され

そうなときも、そのひとつひとつを遊び感覚で片付けていく方法だ。

やり方

● 仕事が山積みでストレスを感じているとき、重要度に関わらず、すべての作業を書き出す。

● 透明な容器（計量カップなど）を用意し、仕事場のそばに置く。

● すべきことをすべてふせんに書き出し（6〜10項目ほど）、デスクに貼る。

● 仕事にとりかかる。ふせんを1枚ずつとり、その作業だけに集中する。

● 作業が終わったら、そのふせんを破いて容器に入れる。

● 容器は常に仕事場に置いておき、完了作業の量がひと目でわかるようにする。

● 容器がいっぱいになったら、なかのふせんは燃やすか、古紙回収ボックスへ。

● ストレス解消特大スムージーや好みのスイーツで達成を祝う。

　ステップをいくつか追加すれば、チームでもおこなえる。月曜朝一に、その週にやるべきことをチーム全員が書き出す。月曜でなくても、チームの仕事サイクルにあった曜日におこなえばいい。共通エリアに容器を置く。

　あるいは、チームで取り組む作業のリストでもいい。だれかが作業をひとつ完了したら、容器のそばでそのふせんを破く。だれかがその様子を見かけたら、「ひとつ減ったね！」と声をかけてくれるかもしれない。最後の1件が完了したら、チームのだれかが全作業完了セレモニーを呼びかけ、最後のふせんをみんなでいっしょに破く。容器の中身をゴミ箱へ捨てたら、コーヒーなどを飲みながらみんなで祝う。

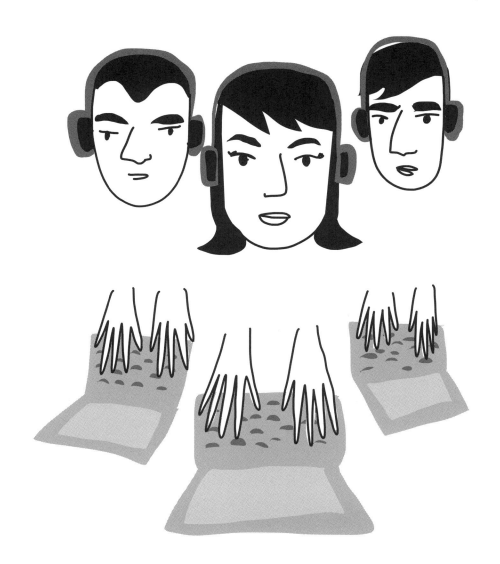

サイレントディスコ・サーズデー

フロー状態で集中して取り組む文化を育む

19 サイレントディスコ・サーズデー

こんなとき

フロー状態に入りやすい文化を育み、チーム全員が中断することなく仕事に没頭できるようにしたいとき。

チーム儀式

チームでおこなうが、部門単位や組織でも可能。

用意するもの

+ 音楽、イヤフォンもしくはヘッドフォン
+ リマインダー（モノあるいはデジタル）
+ 開始と終了を知らせる小道具

難度

費用、計画ともに【低】。

内容

　会議やその他の集中を妨げるものを一切排して、仕事に没頭したいときの集団儀式。決められた時間内は全員が無言で、それぞれがお気に入りの音楽を聴きながら仕事をする。

　目的は、会議に作業を中断させられたり、気晴らしにほかのことをしたり、雑談したりで、チームの集中力が途切れないようにすること。

やり方

　毎木曜日、参加希望者はだれでも、このサイレントディスコ会場に入れる。各自ヘッドフォンなどをつけて仕事をする。本来の「サイレントディスコ」と同じように、複数チャンネルで音楽を流し、好みのチャンネルを選べるようにしてもいい。

　音楽チャンネルを途中で切り替えてもいいし、自分の音楽ストリーミングを聴いてもいい。音楽を一緒に聴くことがこの儀式の基本要素のひとつであり、それによって、

それぞれが集中した状態でシンクロすることができる。

応用するなら

　音楽がらみでなくても、なにかを制限するルールを設定し、パフォーマンスの向上を目指すやり方もある。基本的には、制限する対象と期間を決めて、会議や注意散漫になるものが多すぎる現状を打破する儀式にする。

　ソフトウェア企業のアサナは「水曜日はノー会議デー」と決めて、生産性と社員の満足度アップを図っている[34]。水曜日に会議を入れることは一切認められない。つまり、週に1日だけは会議で中断されることなく、フロー状態に入りやすい環境を確保しているわけだ。

　「サイレントデー」というものもある。その日1日は仕事中のおしゃべり厳禁、というルールだ。ソフトウェア企業37シグナルズ（現ベースキャンプ）の共同創立者ジェイソン・フリードは、仕事にもっと集中するために、「サイレントデー」を週1日設けることを提案した[35]。

仲間内の握手

差し入れ

合言葉

万事
うまく
いく

本の
貸し借り

相棒との絆づくり
チーム内でペアを組み、結束を固める

20 相棒との絆づくり

こんなとき

一緒に仕事に取り組む人とよい協力関係を築きたいとき。

チーム儀式

チーム内のペアが相談しておこなう。

用意するもの

+ 合言葉
+ 仲間内の握手
+ ちょっとしたプレゼント

難度

費用、計画ともに【低】。

内容

チーム内のペアが絆を固めるための儀式。たいていは組んだ2人で工夫しておこなうものになる。

協力関係がしっかりしていれば、能力や年功が異なっていてもまとまりやすい。ピンタレストやSYPartnersのように、意図的に2人1組になり、数週間仕事をする企業もある。ペアになった2人は互いの近くで仕事をし、それぞれのプロジェクトをサポートしあい、責任を負いあう。

仲間内の握手、合言葉、ちょっとしたプレゼント、といった儀式を2人でつくれば、絆をより深めやすい。そうなれば、信頼しあい、率直な意見も、批判的な意見も、クリエイティブな意見も、遠慮なく言える関係を築きやすくなる。

やり方

同じチームの人間でも、この儀式をきっかけに、相手のことをもっとよく知ったり、それまで気づいていなかったつながりや志に気づいたりする機会となる。

　この儀式は、チームのパフォーマンスを向上させたいとき、特に、さまざまな能力を必要とする仕事をするときに効果的だ。先輩と後輩を組ませて互いに学びあってもらうのもいい。視野を広げ、まったく異なる視点のアイデアを模索しているときの、クリエイティビティにもつながりやすい。

　ペアで仕事をすることで、チーム全体のパフォーマンスやアウトプットの質が向上することもわかっている。[36] SYPartners のようなコンサルタント企業や、ピンタレストのようなテック企業では、積極的にチーム内にペアをつくっている。[38]

第 5 章

対立の解消や
レジリエンスの向上に
つながる儀式

Conflict and Resilience Rituals

意見の対立は、失敗同様、
日々の仕事につきものです。
双方が感情的になってしまい、
関係性が壊れてしまう場合もあります。

儀式は、対立を乗り越えたり、怒りやフラストレーションに
うまく対処したり、より建設的な関係に向けて
前進したりするための戦略になりえます。

うまく機能すれば、もっと率直かつ明快なコミュニケーションも、
失敗に対処する個人のレジリエンスも、育むことができます。
儀式によって、自己認識や内省、マインドフルネスを促すことで、
仕事上のネガティブなことにも対応できるようになるのです。

「対立の解消やレジリエンスの向上につながる儀式」は
こんなときに役立つ

[個人]

+ チームメンバーが衝突を回避できるよう
  にする
+ 重要なフィードバック前に緊張を和らげる
+ 燃え尽きを予防する

[チーム]

+ 徹底した透明性を育み、衝突を回避する
+ 議論が白熱したら、あえて中断する
+ 感情を解き放つことで意見の対立を解消
  する
+ 優先順位についての意見が対立しないよう
  にする

[組織]

+ オープンな組織文化を育む
+ チームメンバーとともに心理的な安全性
  を確保する
+ チームの問題に第三者とともに取り組む

対立の解消や
レジリエンスの向上につながる
10の儀式

問題や緊張状態に対処する

チーム健康診断

隠れた問題に対処する

チーム健康診断

こんなとき　一緒に仕事をしてきたチームの人間関係に問題が生じているとき、問題を突き止めて対処しやすくする。

チーム儀式　チーム全員でおこなう。

用意するもの
+ 診察をおこなうスペース
+ 医師役の衣装や小道具
+ コーヒー、お茶菓子など

難　度　ファシリテーション能力が高く、年功や信頼のあるカリスマ的な人が始める必要がある。新しいことを試してみるオープンな文化も必要。

内容

　チームの人間関係を振り返り、新たな話しあいの場を設ける儀式。[39]期間限定で臨時診察室を設け、チームメンバー以外の人が医師役を務める。

　チームが抱えている、一過性あるいは慢性的な問題を、この医師役に1時間相談できる。医師役はあくまでも中立の立場で、チームがその問題を円滑に話しあえるようファシリテートする。話の内容は口外しない。話しあいでは、争点を洗い出して優先順位を決める、メンバーが足並みをそろえる、関係性強化のための案を練る、といったことが必要になるだろう。

やり方

　この儀式を開発したのは、ソフトウェア企業アトラシアンのドム・プライスだ。ほかのチームの同僚たちとコーヒーを片手に1時間ほど雑談していると、そのチームが抱えている問題点や取り組むべき課題が明らかになっていったので、チームでの話しあいをファシリテートしたのだ。これが好評だったため、医師による診察、という儀式に展開した。

ドムは白衣を入手し、相談を受け付ける旨を社内に貼り紙して、診察用の会議室を1週間おさえた。チームの問題を相談したい人はだれでも、1時間話を聞いてもらえる。ただし、KPIや人事考課の話は一切しない。医師には守秘義務があるから、話の内容が経営陣の耳に入る心配もない。

目的は、「チーム健康診断」をおこなう場を設けることにある。互いにもっと率直に話しあい、機能していないと思う点の解決策を自分たちなりに考えられるようにする。医師役はファシリテーターとして、ホワイトボードやふせんなど視覚的なものを活用しながら、話しあいを前に進めさせる。ただし、その問題を治療（解決）するのは医師役ではなく、そのチームだ。計42件の診察をおこなった「ドム先生」は、医師役（ファシリテーター）には特別な役割があることに気づいた。まず、チーム内で力がある人やリーダー格ばかりが発言して「目立つ」ことのないようにする。また、内向的な人も発言できるよう、話しあいの前に静かに内省する時間をとり、活動内容を高く評価するなどして気を配る。こうすることで、全員がまんべんなく発言でき、ほかの人に気兼ねせず、自分が重要だと思うことを表明できるようにする。

四半期に1度おこなうくらいが適当だろう。その間チームは、「健康診断」を受けるべきかどうかをよく考える。受診を義務づけるのではなく、各チームが決めたほうがいい。医師役は無理にそれらしい格好をする必要はないが、話しあいの場を建設的、共感的、公平なものにするため、グループでの対話やデザインのファシリテーターの訓練を受けた人がいいだろう。

ドム・プライス
Dom Price

ワーク・フューチャリスト
アトラシアン

儀式に取り組むようになった きっかけ

アトラシアンでのドムの最初の任務は、同社の強みを特定し、その強みを社内の全チームが活かす方法を考えることでした。当時、社内のデザインチームがチームの文化を醸成するための戦略集をすでに作成中でした。ドムはこのデザインチームと協力し、各チームの健全度を測定する健康診断的なものを考案しました。これがベースとなって、「チーム健康診断」の儀式が生まれたのです。

ドムはこの儀式を、チームの健全度をチェックする一手段として、また、各チームがどのような緊急課題を抱えているかを知る目的でつくりました。この儀式をおこないながら学ぶうちに、ファシリテーター役を務めるようになったのです。デザインチームが作成中の戦略集を用い、相談に来たチームが解決策を考えられるようサポートしました。ドムは診察の最後に、ある約束をしてもらっています。

次の診察までに取り組んだり果たしたりする具体的な行動を、メンバーひとりひとりに答えてもらうのです。

ドムによる「診察」は、1週間で42件に及びました。この好評を受け、その後も社内外に広まり、「診察」したチームはいまや2000を超えています。

儀式から学んだこと

いまではこの儀式は日常的におこなわれるようになり、ファシリテーターのドムがいなくても回るようになっています。社内のいたるところで活用され、ひとりの人間に頼らなくてもよくなりました。それぞれの能力を活かしながら、自分たちでおこなう習慣になったのですから、大成功です。

ドムはまた、心理的に安全で、メンバー同士で励ましあえる、チームの話しあいの場(それも、対立や問題についての難しい話しあいが

できる場）をきちんとつくることの効果にも気づきました。

チームが抱えていた問題は、普遍的で、解決可能で、それほど意外ではないものがほとんどでした。それでも、その問題についての意見をはっきり述べてもらうには、儀式として率直に話しあう場が必要だったのです。難しい話しあいを儀式という形でおこなうことで、ドムがいなくても自分たちで引き続き改善していけるようになりました。

職場文化をよりよくしたい人へのアドバイス

独自の儀式を考案しようとしている企業に対して、ドムは、「解決を急ぐのではなく、まずは問題にとことん注目するべきだ」と言います。また、ほかのことをやめてからでないと、新たなことを始める余地がないかもしれません。多くの企業はいまあることだけで手いっぱいですから、新しいことを始めるなら、まず、やめるべきことを考えてみる価値はあります。

ドムは、「いわゆるベストプラクティスを見つけようとするな」とも言っています。そんなものは存在しないからです。デザイン思考やビジネスモデルキャンバスといった手法をうまく活用し、職場文化の新たな戦略をつくり上げるのです。

手っ取り早い解決方法などありません。自社の置かれている環境の理解に努めるのが先決です。自社の文化や価値観、社員の能力や個性、提供しているモノやサービス、所在地、時間帯、専門分野、顧客、変化のスピード、イノベーションなど、把握しておくべきことはいろいろあります。そのうえで、新な試みが自社にとって効果的かどうか確かめるのです。

最後に、ドムからひとこと。「文化（もしくは、儀式）を社命で浸透させようとしないこと。上からのお達しで始めても、まずうまくいきません。社員が率先して自分たちのニーズにあったやり方でおこなうのが一番です。そうでないと、ただ言われたとおりにする、不健全なチームになってしまいます」

ラスベガス・タマネギ座談会
健全な関係性を目指し、率直に話しあう場を育む

ラスベガス・タマネギ座談会

こんなとき

最近の決定事項や出来事について、不平不満、うわさ、失望感が表面化しつつあるとき。

組織儀式

組織でおこなうが、チームでも可能。

用意するもの

+ 円になって着席できるスペース
+ メモをとるもの

難 度

人を集めて巻き込める人と、新しいことを試す開けた文化が必要。

内容

　組織でさまざまな不満が生じているときなどに、必要に応じておこなう儀式。座談会形式の特殊な会議で、いくつかの基本ルールがある。起こっていることについてとにかく率直に話す、うわさや不安な気持ちは包み隠さず言う、組織内の関係性の再構築を究極の目標にすることがそうだ。デザインコンサルティングファームのIDEOが、難しい対話をおこなう場として、この儀式を開発した。

　長らく一緒に仕事をしてきた同僚が解雇され、いったいなにがあったのか、みんなが憶測しているようなとき、あるいは、厳しいコスト削減計画が取り沙汰されているときなどに役に立つ。そうした問題について話しあうためにリーダーが呼びかけてもいいし、ありのままの情報の公開を求めてほかの人が開催を要求してもいい。

やり方

　取り上げるテーマや出来事をまずはっきりさせる。座談会を開催したら、その場の基本

ルールと、どのような場を目指しているかを
最初に伝える。そうすれば、組織内で不満の
声があがっている問題を話しあうきちんとし
た場になるはずだ。

● **座談会のテーマを決める。打ち解けて話せる場所を
探す。** 円になって座れるこぢんまりしたところがいい。
多少窮屈に感じるくらいのほうが、互いの距離が縮ま
るし、大人数にならずに済む。

● **そのテーマについて話をしたい人はだれでもどうぞ、と参加を呼びかける。**

● **来た順に席についてもらう。** 席をおさえておくことはできない。満席になった
時点で入室はできなくなる。

● ファシリテーターが設定した、この場の基本ルールを理解し、必ず従うことを
全員が表明する。
ラスベガスルール：ラスベガスではめをはずしたことは、ラスベガス以外では
話さない。要するに、ここだけの話ということ。自分の発言を口外しないでも
らいたいときは、「これはラスベガスルールで」と言い添える。
タマネギルール：すでに出た話を繰り返さない（同じ人でも、ほかの人でも）。
また同じ話になったら、ほかの人が「タマネギ」と言って話を先へ進めさせる。
超本音ルール：遠回しに言うのではなく、核心にずばり触れる。単刀直入とは
いえ、容赦ない物言いにならないように気をつける。

● **タイマーをセットし、1時間たったら座談会を終了する。** ファシリテーターが
メモをとり（共有はしない）、成果と説明されるべきことをまとめ、組織内で共有
する。ここで話しあったことを問題解決に確実につなげるためだ。

ロボット退室

議論が白熱してきたときに、ちょっと中断する

ロボット退室

こんなとき

会議が順調に進まなかったり、口論になったりして、結論が出ないとき。

チーム儀式

チームでおこなうが、チーム内のペアでも可能。

用意するもの

＋ 退室時の合図を決めておく

難 度

計画【低】。
自然発生的なものだが、定着させる必要がある。

内容

　建設的な話しあいができなくなったとき、その状態から抜け出すのに有効な儀式。行き詰まりを感じた人が、解決のためまた後日集まって話し直そう、という意思表示として、ピーッ、ピーッ、とロボットの電子音をまねながら、ぎこちない動きで後ずさりして出て行く。

　ロボットはちょっと、という人は、チーム独自の「退室の合図」を決めればいい。会議が捗らない、ヒートアップしている、非常に難しい問題なのでとにかくリセットする必要がある、といった場合に、だれでも「いったん中断」を合図できるようにする。

やり方

　チームで合図を事前に決めておく。どんな「退室の合図」がいいだろうか。できれば、ちょっと変わったユーモラスなものがいい。重苦しい空気が少しは晴れるはずだ。

　「退室の合図」が決まれば、チームのだれが発動してもかまわない。合図が出たら、ほか

のメンバーもあとに続かなければならない。
話しあいを中断して後日再開するための全プ
ロセスは次のとおり。

● **建設的な話しあいができなくなり、このままでは決裂しそうになったら、この儀式
の出番だ。**

● **だれかが立ち上がって「退室の合図」を始めたときが、この儀式の始まり。**「ロボット
退室」なら、ロボットのようなぎこちない動作で、電子音をまねながらゆっくりと後ず
さりして出て行く。

● **ほかの人たちもあとに続く。つまり、会議は終了。**話しあいをやめる。ものわかれ
に終わったときにもこの合図が使える。その場合はみんな一斉に立ち上がり、ロボット
のように後ずさりしながら退室する。

● **会議室を出たら、それぞれの仕事に戻る。**会議は終了したのだから、問題はとりあえず
置いておく。

● **ある程度の冷却期間を置いたらまた集まり、その問題解決に向けて再び話しあう。**

　この儀式を思いついたアニマ・ラヴォイは、
重苦しい空気を払いのけ、緊迫した議論に
ちょっとしたユーモアを持ち込むことを意図
して活用している。張りつめた雰囲気になり
そうなことを見越して、そうなったときに使え
る建設的な行動を用意しておくわけだ。

アニマ・ラヴォイ

Anima LaVoy

Airbnb でソーシャルインパクトを主導

　Airbnb で仕事をする以前のアニマは、共同創立したテック企業コネクトでＣＰＯ（最高プロダクト責任者）を務めていました。コネクトは、現実世界における人間関係の円滑化をサポートするプラットフォームです。そこで調査の一環としてアニマが収集した、人間関係を上手に育むためのさまざまな工夫の例はかなりの数になります。仕事上の人間関係はもちろん、家族、友人、夫婦の関係も含まれています。アニマは、良好な人間関係こそ人生の質を左右するベースであり、身体の健康と同じように「社会的健康」にも注意を払うべきだと考えています。人間関係に関するハックや儀式として、ジョブハット、感謝貯金（儀式30、175ページ）、ロールマップ、ロボット退室（儀式23、152ページ）などを試してきました。

　つまり、よりよい人生を送ることを目指して工夫した、ハック、習慣、儀式などを提案しているのです。その対象は、夫婦、仕事の提携先、技術チーム、デザインチーム、家族、友人など、ありとあらゆる人間関係に及びます。いずれも「社会的健康」に影響しているからです。自分の内面生活を話すのは容易ではありません。ことばでうまく言い表せませんし、数値化も困難です。それでも、幸福や寿命に与える影響は非常に大きなものがあります。アニマの関心は、上質な真のつながりをどのように築いていくか、ということにあります。恋愛関係だけでなく、人生におけるすべての関係性に焦点を当てているのです。

　アニマは内面生活に注目し、思いやりも遊び心も意図もあるさまざまな戦略を自チームの日々の仕事（ワークライフ）に取り入れる方法をずっと模索しています。これさえあれば人間関係が良好に、なんてものはありません。ちょっとしたことの積み重ねが結局は、意義やつながりに結びつくのです。アニマは人間関係の実践を、仕事だけでなく、結婚、家族、友人、地域など、人生のさまざまな活動範囲にまたがっている関係性とも関連づけているのです。

不安の壁

極度に緊張するシーンを前にしたストレスを和らげる

24 不安の壁

こんなとき

人事考課面談などの, チームメンバーが不安に なりやすい状況の前。

チーム儀式

チームでおこなうが、 組織でも可能。

用意するもの

＋　壁を覆うもの （ホワイトボード、 キャンバス地や防 水シートなど）
＋　粘土

難　度

計画【低】。 空いている壁が必要。

内容

みんなの不安を表に出してもらう場を設け る儀式。人事考課面談や組織再編の前、繁 忙期といった、緊張が高まるときにおこなう。

みんながふだんよく通る場所、あるいは、 人事考課面談がおこなわれる会議室など、 「緊張する」場所の近くで空いている壁を見つ ける。その壁に、不安な気持ちを表した粘土 を貼り付けてもらう。自分の番が来るまで粘 土をいじり、名前を呼ばれたら壁に貼り付け てから向かう。

神経質になったときのいじり癖を見越し、 共通の行為を用意して、緊張をほぐしてもらう わけだ。ほかの人たちも同じように不安だっ たことがわかり、気持ちの共有にもつながる。

やり方

多くの人が経験するストレスに対処するた めのシンプルな集団儀式。だれもがなんらか の批評を受けることになる人事考課面談など のような、みんなが神経をとがらせている状 況で、次のようにおこなう。

● **人事考課面談がおこなわれる場所のそば（会議室の外で空いている壁）を「不安の壁」にする。** 空いている壁がなければ、大きめのホワイトボードを置くか、なにかで壁を一時的に覆うなどする。

● **その壁をなめらかで丈夫なもので覆い、粘土を貼り付けたり文字を書き込んだりできるようにする。** ホワイトボード、キャンバス地、防水シートなど。

● **「不安の壁」と書き、簡単な説明を添える。**
  - 粘土をご自由におとりください。
  - お呼びするまで、丸める、叩く、ねじる、お好きにどうぞ。
  - 呼ばれたら、粘土をこの壁に貼り付けてください。
  - 署名やメッセージもご自由にどうぞ。

● **粘土は複数の色を用意し、選べるようにする。**

● **「不安の壁」が粘土で埋められていく。** できれば1年間そのままにしておき、みんなの目に触れるようにする。同じ経験をした人たちがいた（しかも同じようにストレスを感じていた）とわかり、つながりを感じられるだろう。

対立焼き払い

高ぶった感情を解き放って対立を解消する

25 対立焼き払い

こんなとき

意見が対立して、互いの
否定的態度にチームメン
バーが疲弊しているとき。

チーム儀式

個人対個人の儀式だが、
チームでも可能。

用意するもの

＋　耐熱容器
＋　ふせん
＋　ペン
＋　シュレッダー
＋　マッチ

難 度

計画【中】。
ファシリテーションをす
る中立的立場の人と、燃
やすものが必要。

内容

意見の激しい対立を乗り越えるための儀
式。対立で高ぶった感情を、焼却という象徴
的行為で解き放つ。

口論のあとでも人は自然と前進できるは
ず、と期待するのではなく、口論の内容やそれ
ぞれの思いをはっきりと書き、双方が相手の
言い分を確認する。その後、書いた紙はシュ
レッダーにかけるか、手で破き、ひとつにまと
めて耐熱容器で燃やす。

目的は、この象徴的行為を心からの許しに
つなげること。そうすれば、前へ進み、互いの
立場や意見の違いを認めることに同意できる。

やり方

この儀式は、デザイナーのリリアン・トン
(162ページで紹介) がメイクシフトというコ
ワーキングスペースと共同で考案した。そこ
で働いているチームに、許しあうための戦略
を定着させることを目指した。[40]

　意見が対立して口論になったら、2、3日冷却期間を置く。解決するための会合を持ち、前へ進む気持ちがあるかどうかを当事者たちに確認し、その気があればこの儀式をおこなう。

- **口論に関わった全員に声をかける**。当事者だけでもいいし、口論の場にいた人たちに加わってもらってもいい。

- **全員にふせんとペンを配り、思っていることを書いてもらう**。ふせん1枚に思いはひとつ。書いたふせんは壁に貼るかテーブルの上に並べるかして、ほかの人たちの目に触れるようにする。

- **全員が書き終えたら、この意見の対立を乗り越えて前へ進む様子を各自が内省する**。1分たったら不問に付す。

- **書いたふせんをシュレッダーにかけるか手で破くかして、みんなで箱に入れる**。

- **バーベキューコーナーなど、安全な場所が屋外にあれば、そこへ箱を持っていき、火をつけ、燃える様子をみんなで見守る**。そういう場所がなければ、周囲の安全性を確認したうえで、耐熱容器に入れて燃やす。

- **儀式はこれで終わり**。意見の対立は消滅し、チームは前へ進めるはずだ。

リリアン・トン

Lillian Tong

マターマインド・スタジオ共同創設者
デザイナー

儀式に取り組むようになったきっかけ

リリアンが「働いているときの感情」について論文を書いていたときのことです。このテーマの事例が、「喜びの創造」に焦点を当てたものばかりなのに気づきました。たとえば、休憩室に卓球台を置く、なんていう発想もそうです。

リリアンは、そうではなく、職場における複雑かつネガティブな感情に焦点を当ててデザインする機会だ、と考えました。調べていくなかで、職場で感情を表に出すことがいかに難しいか、という話をたくさん見聞きしてきたからです。職場で感情的になれば、プロ意識が低い、と見なされます。そうなると、感情をどのように隠すべきかで不安になったり葛藤したりするようになります。それと同時に、同僚との意見の対立、期待はずれのフィードバック、無理な要求、上司からのぞんざいな扱い、といったさまざまなネガティブな感情もコントロールしなければならないのです。

リリアンは、自身が論文に書いたことを儀式デザインのコンサルタントとして実践し、スタートアップやコワーキングスペースと協働して儀式デザインに取り組みました。それぞれの価値観や文化を調べ、そのチームにおける働き方を最大限に発揮させるためのデザインの仮説を立てたのです。そのなかには、試験的にやってみようということになり、実際におこなわれた儀式もあります。

儀式から学んだこと

リリアンは、デザインリサーチをおこなうなかで、仕事における意見の対立、ストレス、その他のネガティブな感情に対処する手段をいくつか見つけました。儀式は、モノや動作を象徴として用いることで、感情を表に出してもかまわない、プロであることに変わりはない、と気づかせてくれるのです。儀式は、仕事や同僚に対するネガティブな感情をきちんと認め、向きあう方法になりうるのです。

リリアンが特に注目したのは、どんな気持ちのときにクリエイティビティが高まるか、ということです。個人の飽きや好奇心も関係はしていますが、上下関係ではなく、協力しあう対等な立場だと感じることでもクリエイティビティが高まることがわかっています。こうしたことは、自信につながるカギなのです。

「儀式デザイン・コンサルタント」としてのリリアンは、あるスタートアップから依頼を受け、未来を考えるワークショップをおこないました。将来どんなシナリオで、どんな気持ちで働きたいかを考えてもらうものです。このワークショップをおこなうにあたり、感情に関する心理学の研究にどんな知見があるかも調べました。たとえば、共同作業中、同じ高さに座っている人同士、また、同じものを身につけている人同士は、互いを対等であると感じやすい傾向があることがわかっています。ここにヒントを得てデザインしたのが、「コクーンミーティング」という儀式です。これは、オンラインではなく、実際につながった場所でおこなうミーティングで、みんながシンクロしやすくなることが狙いです。

リリアンは、感情面のニーズを考慮した職場をデザインするうえで、儀式は強力なツールだと気づきました。デザイナーが生み出すものといえば、これまでは、形のあるモノやデジタルなもの、もしくはサービスでした。ところが儀式には、特有のマインドフルネス、パーパス、意図が初めから組み込まれています。職場の儀式には、個人かチームかで程度の差はあれ、感情の要素があるのです。

これからの働き方への期待

最近では、ギグワーカーや、ひとつの場所にとらわれない働き方をする人が増え、離れて働く人同士を結びつける方法を考え出す必要性が出てきました。リリアンも、デザインの仕事を通じてそこに取り組んでいます。同じ場にいない同僚とどうやってつながりを深めるのか。ひとりきりで仕事をし、やりとりはモニターを通じてのみ、となれば、フラストレーション、わびしさ、意思疎通の齟齬（そご）などから、感情面のニーズもさらに高まるでしょう。自分もチームの一員だと感じ、孤独感と戦う新たな方法が必要になります。

こうした働き方の増加は、企業において職場文化（ワークカルチャー）に取り組む人がこれからもっと必要、ということでもあります。このような課題が増えるにつれ、仕事のコミュニティで起きていることや、仕事における価値観や人間関係をよく理解したうえで、関係性の強化につながる儀式、イベント、その他の戦略を新たに考え出す人が必要になるのです。

ゾウ、死んだ魚、ぶっちゃけ
率直な意見やレジリエンスを引き出す

26 ゾウ、死んだ魚、ぶっちゃけ

こんなとき

組織の状況について、より率直な意見交換を育む必要があるとき。

組織儀式

組織でおこなうが、チームでも可能。

用意するもの

＋　率直に話すきっかけとなる合言葉

難度

計画【低】。

内容

チームメンバー同士の率直な話しあいを促したいときの儀式。会議中、「腹を割って」話しあえていないと感じたら、いったん中断し、克服できていない、あるいは言いづらいことをまず話しあおうとするもの。

会議中、「ゾウ、死んだ魚、ぶっちゃけ」の合言葉はだれが言ってもかまわない。この合言葉が出たら、心理的に安全な環境にいて、思っていることを遠慮なく話していい、ということだ。それぞれの合言葉は、みんなが触れることを避けている厄介な問題（ゾウ）、とっくの昔に済んだことなのに、まだ後味の悪さを引きずっている問題（死んだ魚）、とにかく吐き出してしまわなければならない問題（ぶっちゃけ）を意味する。

やり方

この儀式は、もっと率直に本音を話しあえる職場文化（ワークカルチャー）を目指して Airbnb でつくられた。[41] 同社共同創立者であるジョー・ゲビアが、全社員に一方的に通達するのではなく、双方向のやりとりを促す方法として提案した。こう

した率直さは、同社の中心的価値観のひとつであり、この儀式はその価値観を体現できるひとつの方法になっている。

　同社が全社員を対象にアンケートをおこなったところ、社員が本音を率直に話すことに全社的に取り組むべき、と考えていることがわかり、この儀式のアイデアが生まれた。「ゾウ、死んだ魚、ぶっちゃけ」を全社員参加の会議に取り入れ、よりよい対話を促すことにしたのだ。

● **「ゾウ、死んだ魚、ぶっちゃけ」の意味を会議の場で説明し、だれでも自由に使える旨を伝える。** 3つとも言ってもいいし、いずれかだけでもかまわない。もっと率直に話しあおう、という合図を出すのだ。

● **「ゾウ」は、** みんなが心配しているのに、だれも触れようとしない厄介な問題について話しあおう、という合図。差し迫っている変化、悪い知らせの大筋、ちょっと気まずい話などが考えられる。

● **「死んだ魚」は、** 済んだ話にいつまでもこだわっていることに気づかせ、きれいさっぱり忘れよう（蒸し返してばかりいることにせめて気づこう）と促す合図。

● **「ぶっちゃけ」は、** 大事なことだからとにかくぶちまける必要がある、という合図。それが具体的に何なのか、周囲はよくわかっていない場合もある。

● **合言葉が3つまとめて出たら、チームみんなで話しあうべきどんなことでも、腹を割って話しあおう、という合図。**

● **気まずくなりそうな点を指摘する際にも、この合言葉が使える。** その場にいるほかの全員が、その合図を認識する。率直に話しあえることがほかにもないか、考えるきっかけになる。

みんなの失敗エピソード集

挫折経験を新メンバーと共有する

㉗ みんなの失敗エピソード集

こんなとき

従業員（特に勤続年数の浅い人）に心理的安全性を感じてもらいたいとき。

チーム儀式

チームでおこなう儀式だが、組織でも可能。

用意するもの

＋　増やせるタイプのファイル（実物や切り抜きなどを貼っていくスクラップブックなど）

難度

計画【中】。
失敗事例を分析し、文章化しておく必要がある。

内容

　チームのなかで、失敗を正直に話せる雰囲気と心理的安全性を生み出すことを目的とした儀式。いまの職場での失敗談を収集していく。ちょっとしたエピソードに写真やスケッチを添えて、失敗の内容をわかりやすくまとめる。

やり方

　新メンバーが対象の儀式。入社直後は、会社や配属先のチームのよい話ばかり聞かされているはずだ。一方、配属先のチームは、

この「失敗エピソード」ファイルを新歓ランチなどの機会に見せ、それぞれの失敗談を披露する。新メンバーは、自分もミスをしたら、その顛末（てんまつ）をここにまとめるよう言われるのだと当然気づく。次の新メンバーがやって来る頃には、自分の失敗談も載っているだろう。新たな失敗談で分厚くなっていくこのファイルを見れば、失敗しても大丈夫、と思えるし、コミュニティに属しているという感覚にもつながる。

蒸し返し厳禁ルール
話を前へ進めるよう、軽く促す

28 蒸し返し厳禁ルール

こんなとき

短時間会議を標準化し、堂々巡りをやめて話を前へ進める必要があるとき。

組織儀式

組織でおこなうが、チームでも可能。

用意するもの

＋ 合図にちょっとしたユーモアを添える象徴的なモノ（卓球のラケットやびっくりチキンなど）

難度

計画【中】。みんなにわかる共通ルールを設定する必要がある。

内容

　会議が堂々巡りになりがちなら、この儀式が話しあいを前へ進ませるちょっとしたきっかけになる。

　あらかじめルールさえ決めておけば、一瞬で終わる儀式だ。会議中、話が脱線している、あるいは、議論の蒸し返しだと感じたら、だれでも発動できる。「蒸し返し厳禁」を意味する、卓球のラケット、警告カード、びっくりチキンなどを手に持って上げるだけ。何も言わなくていい。これだけで、本題に戻ろう、話を蒸し返すのをやめよう、という合図になる。

　一瞬のユーモラスな合図で会議の焦点を思い出せるようにするのだ。非生産的な話しあいを、対立的な雰囲気をつくらずにスパッと止められる。

やり方

　だれがおこなってもよく、ほかの人は即受け入れる、という共通ルールを確立しておくことがこの儀式のカギだ。不毛な議論は

自分たちで止められる文化をつくり、話を前へ進めるのがベストだという共通認識にもなる。

　この儀式はさまざまな状況でおこなわれている。セキュリティ管理ソフトウェアのプロバイダのブリボも「蒸し返し厳禁ルール」で会議が脱線しないようにしている。卓球ラケットを上げれば、それはもう話しあったという合図。長時間に及ぶ会議の末に、なんども同じ結論になったことがきっかけだ。[42] 同社の社員全員が卓球ラケットを支給され、非生産的な話しあいを問答無用で止められるようにしている。

　ソフトウェア企業のアトラシアンにも同様の儀式がある。同社は、鳴き声が出るゴム製のびっくりチキンのおもちゃを会議室のテーブルの真ん中に置き、話が脱線してくると、だれかがそのびっくりチキンをぎゅっとつかむ。その鳴き声を合図に、本題に戻るのだ。[43]

　運転マナーの良し悪しを住民に決めてもらうのに活用されたこともある。コロンビアの首都ボゴタの市長だったアンタナス・モックスは、現職時代、「いいね」と「よくないね」を意味する赤と白のカードを住民に35万セット配布した。[44] このカードで、安全運転か危険運転かを住民同士で合図しあう。つまり、他人の運転マナーの良し悪しをだれでも判定できるわけだ。目的は、交通ルールをみんなで守らせるようにして、運転マナーを変えること。ほかの施策のおかげもあり、ボゴタ市の交通事故死者数は半減した。

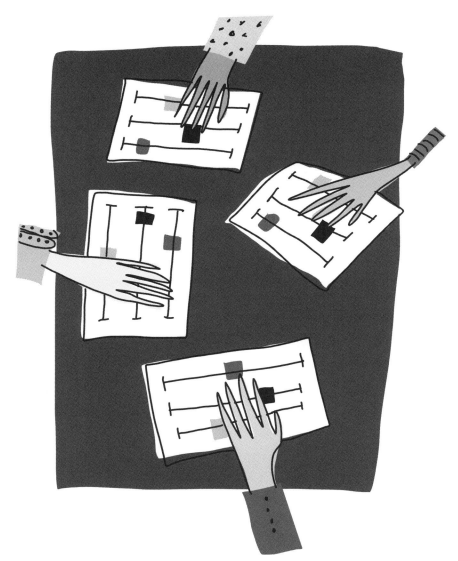

トレードオフ・スライダー

優先事項やリソースに関する対立を防ぐ

トレードオフ・スライダー

こんなとき

プロジェクト開始前に足並みをそろえ、起こりうる対立の芽を摘み取っておきたいとき。

チーム儀式

チーム横断や組織でも可能。

用意するもの

+ ホワイトボードまたは大きめの用紙
+ ふせんなど、スライダーに見立てるもの

難度

計画【低】。
材料の準備が若干必要。

内容

　新プロジェクトが立ち上がった。みんなの足並みをそろえることで、今後起こりうる意見の対立を防ぎたい。そんなときに、意見が食い違いそうな点を明らかにし、優先順位をみんなで決めやすくする儀式。

　チーム全員が集まり、これから取り組むプロジェクトの評価指標を出しあい、スライダーを実際に動かしながら、そのプロジェクトではなにを優先するのか、共通認識をつくる。メンバー間で意見が異なっていたり、相反する可能性があったりしそうなチームの役に立つ。このようなチームは、プロジェクトに関する決断が必要なときに、なかなか合意に至れないことがある。そこでこの儀式で、共通認識を形成しておく。決定とそれに関連する依存関係、評価指標の観点でそれぞれ異なる意見の調整をしやすくすれば、相反する意見が口論に発展してしまうのを防ぐことができるというわけだ。

やり方

　この儀式は、ソフトウェア企業アトラシアンで、チームの目指す方向性を定め、ソフトウェア開発段階での意見の対立を防ぐ方法として開発された。新規プロジェクトの最初の計画段階で活用されている。

- **チーム全員に集まってもらい、各自に大きめの用紙を配る。**

- **プロジェクトの成功を決める重要な評価指標は何かを話しあう。** スケジュール、業務範囲、予算などがたいてい挙げられるが、チーム全員で決める。

- **評価指標が決まったら、ホワイトボードか各自の用紙に、1指標につき1本横線を書き、その指標名を書く。** この横線がスケールになる。横線の一方に「交渉の余地あり」、もう一方に「交渉の余地なし」と記入する。

- **ふせんをスライダーに見立てる。** 最初の調整と最終決定とでは、ふせんの色を変える。

- **各自、1指標につきスライダー（ふせん）はひとつ。** スライダーはトレードオフの関係になっているため、ひとつ上げたら、ほかのひとつを下げる。

- **タイマーをセットし、5分間「黙々とスライダーを調整」する。** それぞれが自分の考える優先順を黙って設定する。

- **次に、「全員でスライダーを調整」する。** ホワイトボードか別の大きな用紙に指標の線を書く。各自が設定したものを見せあって手短に話しあい、各指標のスライダーをどの位置に固定するかの合意をとる。

- **すべての指標で合意に達したら、最初とは異なる色のふせんで「最終」位置にスライダーを固定する。**

- **合意の証しに、最終状態の指標を囲んでいるチームの集合写真を撮る。** 握手やハイタッチで全員の協力に感謝する。

感謝貯金
ちょっとした感謝の気持ちで関係性の悪化を防ぐ

30 感謝貯金

こんなとき

チームのメンバーが互いにもっと感謝しあうことで、関係性の悪化を防ぎたいとき。

チーム儀式

チームでおこなうが、個人でも可能。

用意するもの

＋　大きめの広口ビン
＋　小さめのメモ用紙
　　（まとめて置いておく）

難度

計画【中】。
メモ用紙を絶やさないように気をつける。

内容

　人がなにか役立つことをしたら、それがどんなものであれ認める習慣を徹底することで、健全な文化形成につなげる儀式。チームメートがなにかしてくれたら（締め切りに間にあうよう手伝ってくれた、すばらしいプレゼンをしてくれた、おいしいお菓子を差し入れしてくれた、など）、そのことをメモ用紙に書き、専用のビンに入れていく。チームの定例会議の終了前など、定期的にメモを取り出してビンを空にする。

　気軽におこなえるよう、チームの日々の習慣にひもづけるとよい。そうすれば、ちょっとした感謝の気持ちで、週を追うごとにビンのなかがいっぱいになっていくはずだ。前向きな関係性を日頃から積み上げておくことが、強いチームづくりの基盤になる。月に1度、ビンのメモを読み上げてもいいだろう。

やり方

　これは、アニマ・ラヴォイ（155ページ）が考案した儀式を応用したもの。オリジナルの儀式は、プライベートな人間関係を念頭に

置き、恋愛あるいは家族の関係を健全に保つ目的で開発された。

　ここでは、プライベートな関係性をしっかり維持する手段としてではなく、チームの人間関係を対象としている。チームの関係性は、思いやり、冷ややかさ、ストレス、妬み、協力的などのあいだで大きく揺れがちだ。この儀式をおこなえば、関係性がネガティブ寄りになりそうなときも、ポジティブなときの貯金でバランスをとりやすくなるはずだ。

- **透明で大きめの広口ビンを用意し、共有スペースの目につきやすい場所に置く。**ふせんかメモ用紙もその近くに置く。

- **チームのだれかのよい働きや親切行為をメモ用紙に書いてビンに入れることで、感謝の気持ちを表そう、とみんなに伝える。**日付と署名も忘れずに書く。

- **こまめにおこない、メモがどんどん増えていくのが理想。**いいことがあったときに、感謝の気持ちを気軽にちょこっと示す方法になるといい。

- **ビンのメモが30枚程度たまったら、取り出して紹介する。**毎週の定例会議や昼食会など、メンバー全員が定期的に集まる場がいいだろう。ちょっとしたいいことにスポットライトを当てるのが目的だ。

- **「今週の1枚」を選んでもいい。**くじ引きのようにビンから1枚だけ取り出す。取り出されたメモは貼り出され、その1週間、みんなの目に触れる。

第6章

コミュニティや
チームづくりに
つながる儀式

Community and Team Building Rituals

このタイプの儀式では、共通のアイデンティティを築けるよう、
シンボル、ストーリー、歴史などを活用します。
こうしたものが、コミュニティの核となる価値観に立ち返り、
つながりを感じるためのよりどころになるのです。

また、よりよい話しあいのカギにもなります。
日々の仕事にユーモア、驚き、意味をもたらし、
メンバーが最大限の力を発揮できるようになります。
メンバーが互いにシンクロしやすくなり、生産性や共感も高まります。

「コミュニティやチームづくりにつながる儀式」は
こんなときに役立つ

【個人】

+ アイデンティティを確立し、一体感を育む
+ メンバー同士の共感を高める
+ プライベートな話でつながりを深める

【チーム】

+ 居場所に関係なく忘年会を一緒に楽しむ
+ 支社横断チームのつながりを深める
+ バーチャルチームの結束力を高める
+ シンクロしながら、探究心も刺激する

【組織】

+ 共通の思い出づくりでアイデンティティを
　育む
+ 仕事以外のコミュニティでの活動を認識する
+ チームや部門間の垣根を取り払う

コミュニティや
チームづくりにつながる
10の儀式

結束し、つながりを実感する

バッジ贈呈式
共通のアイデンティティや一体感を生み出す

31 バッジ贈呈式

こんなとき

研修を終えたばかりの新メンバーに、チーム共通のアイデンティティと自信を持ってもらいたいとき。

チーム儀式

チーム横断や組織でも可能。

用意するもの

+ アイデンティティを示すバッジ
+ 台本
+ バッジ用小箱（贈呈式がよりフォーマルな感じになる）

難度

計画【中】。バッジをデザインして発注するための手間と初期費用がかかる。

内容

　スタンフォード大学dスクールで開発された、締めくくりの儀式。研究や課題に追われがちだった学期もいよいよ大詰め（そして、思い出に残る大切なとき）であることを明確にする。ちょっと立ち止まり、このクラスメートたちともうすぐお別れであることを、じっくりかみしめてもらう場でもある。

　自信とインクルージョンに関する儀式でもある。dスクールには、学ぶ必要性を痛感して受講にくる人が多い。自分のデザイン能力に確たる自信がなく、まだまだ初心者だと感じているのだ。デザインのなんたるかを理解していること、デザインワークを実際におこなってきたこと、このdスクールのコミュニティの一員であることに、自信を持ってよい、という免状にもなる。

やり方

　dスクールでは各クラスの最終日におこなっている。同コースを無事修了した人には、この贈呈式がちょっとした卒業式がわりになる。

- **講師陣はそれぞれ、赤いベルベットの小箱と、ラミネートされた台本を手にする。**学生はクラスごとに円になってもらう。これから何が起こるかは秘密だ。

- **ふたを開けた状態の小箱を、講師が学生ひとりひとりに見せて回る。**小箱には5種類のデザインのバッジが入っている。dスクールのロゴ以外はデザインに特に意味はない。それぞれのデザインが何のシンボルか、自分にとってどんな意味があるか、学生は自由に発言してかまわない。

- **ひとりずつ好きなバッジを選んでもらう。**まだつけてはいけない。

- **全員が選び終えたら、いよいよ贈呈式の開始。**

- **2人1組になり、自分が選んだバッジを相手につけてもらう。**

- **その間、講師は用意した台本を読み上げ、これで正式に修了生であり、デザインコミュニティの一員であることを告げる。**

応用するなら

物事が「もうすぐ終了する」、あるいは、チームで困難を乗り切った、といったほかの状況にも、そのまま応用できる。バッジをつけることを儀式の中心にしたほうがいい。小さくて精巧なものだから雰囲気が出るというのもあるし、人からつけてもらう際、相手の目の前でゆっくり慎重な動きをすることになり、儀式がより重みのあるものに感じられるからだ。

台本は、そのつど内容を書き換えてもいいし、短くしてもかまわない。重要なのは、式典にふさわしい、おごそかなものにすること。ふだんと同じようなことばづかいでは、ありがたみが薄れてしまう。

イサベル・ベーンケ Ph.D.
Isabel Behncke, Ph.D.

霊長類学博士、進化および行動科学者

儀式に取り組むようになったきっかけ

イサベルの研究でもっとも大切なのは、はるか昔を理解することです。ボノボの社会、そして先史時代の人の社会に、儀式の起源と進化を探るその研究は、現在と未来における儀式の力を理解するのにも役立ちます。

イサベルは、人が儀式をおこなう状況を、自然環境におけるほかの社会的動物と比較して、また、特定の共同体や文化において、探求しています。

イサベルの研究対象であるボノボは、現存する霊長類のなかでもっとも人間に近いとされ、驚くほど平和で、結びつきの強い社会を築いています。ボノボに儀式があるとすれば、そこからなにか学べるのではないか、とイサベルが考えているのは、ボノボは殺しあいをしないからです。これは、チンパンジーも人類もまだ成し遂げていない、ものすごいこ

となのです。イサベルはコンゴの密林で、平和なボノボ社会のカギが遊び行動にあることを発見しました。人間社会の儀式のように、ある特定のタイミングと場所と状況で、ボノボが頻繁に遊んでいる様子を観察したのです。幼獣だけでなく成獣も、それもたいてい、強いオスたちが中心となって遊んでいました。

人に一番近いとされるボノボの社会で、遊びが重要である点に注目したイサベルは、人がおこなう遊びや儀式を探るようになりました。新石器時代の狩猟採集民がおこなっていた祭祀も、アメリカ・ネバダ州のバーニングマンやブラジルのカーニバルといった現代の祭りも、調べてみました。

儀式の研究から学んだこと

その結果、ある重要なことに気づきました。祭りの儀式（そしておそらく、すべての儀式）の根っこには、遊びがあるのです。実際、すべての文化に共通して見られる、結束を強める

どんな儀式を
おこなっているかで、
どんな人間かが
わかる。

儀式のなかでも、重要かつ長い歴史のあるものは、すべて遊びにもとづいています。飲食をともにし、音楽を奏で、同じ動作でシンクロし、強い感情に揺さぶられる体験を共有することで、人々が結びつくのです。人間は、儀式という前向きな時間を過ごす場をつくり出す生き物です。笑い、創造し、分かちあいます。現在も世界中の文化でおこなわれていますし、都市の成立や農耕・牧畜文化以前からおこなわれていました。

イサベルはこうした儀式を「社会的技術」と呼んでいます。技術と呼ぶのは、ある機能を定期的に提供する手段だからです。儀式には、コミュニティの結束を強め、クリエイティビティを高める機能があります。こうした儀式が、さまざまな文化やコミュニティをはるか昔に生み出すことにつながりました。しかも、

試行錯誤を重ねた社会的技術だからこそ、こうした儀式は、さまざまな文化やコミュニティを、はるか未来にいたるまで築き続けていくものになるはずです。

儀式をおこなうのは人間である証しです。イサベルは「どんな儀式をおこなっているかで、どんな人間かがわかる」とも言っています。これはコミュニティや組織にも言えることです。ある集団がおこなっている儀式を人類学的観点で調べると、その集団の暗黙のルールについてかなりのことがわかります。

その逆も言えます。儀式を改めたり新たに始めたりすることで、暗黙のルールを変えることも可能なのです。たとえば、地域住民、あるいは同じ学科の学生同士の結束度合は、集まって食べたり飲んだり音楽を聴いたりする

場を自発的につくっているかどうかでわかります。逆に、まとまりに多少欠けている集団でも、飲食や音楽を一緒に楽しむ場を定期的に持つようにすれば、結束が深まり、よりまとまりのある集団になっていきます。

これからの働き方への期待

テクノロジーを使いこなすために、人類がもっと賢くならざるを得ない現状に、イサベルは大いに期待しています。テクノロジーには物事を変える大きな力がある一方で、人類はこの強力なツール（あるいは武器）を手にした子どもにすぎません。一層の努力が必要なのです。

テクノロジーやロボットといったものに囲まれて、人のありようはどのように変わっていくのか、そんなことばかり考えてしまうのも無理はない、とイサベルは言います。もうすでにいろんなことが変わりつつあるのですから、当然です。ただ、おそらく変わらないことに目を向けるのも重要です。そこが理解できていれば、着実に、分別をもって、前へ進んでいけるはずです。

たとえば、わたしたちがほ乳類であり、社会生活を営む霊長類であることは、これからも変わらないでしょう。つまり、体を動かしたり、ほかの人たちと一緒に食べたり笑ったり、喜怒哀楽や音楽による解放感をともにしたり、顔をあわせてのやりとりや

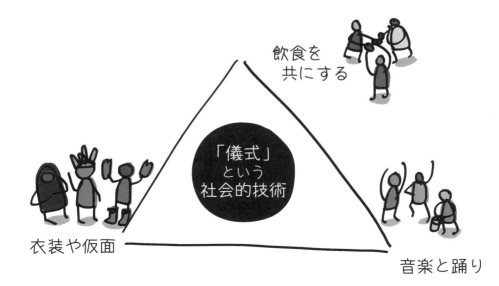

社会的行動としての身体接触、自然とのふれあい、遊びを頻繁におこなったりすることが、これからも必要なのはまちがいありません。イサベルは、新たなテクノロジーとともに多くの儀式が変化していくことを予想しつつも、一方では、核心部分が変わらない儀式がたくさんあることにも注目しています。人間は適応する生き物であり、儀式をおこなうことも、結局は、仲間とともに適応するのに役立つからです。

イサベルは、よりよいコミュニティや文化を生み出すために、社会的技術の活用を勧めています（飲食をともにする、音楽を奏でる、動きをシンクロさせる、感情が揺さぶられる体験を共有するなど）。とはいえ、影響力の大きい技術はどれもそうであるように、悪用や誤用の恐れもあります。イサベルは、長期的視野に立ち、儀式をおこなうのはそのコミュニティのためであることを常に忘れないよう、アドバイスしています。また、特定の人たちに力が集中しないよう警告もしています。儀式は、結束も拘束もしうる、諸刃の剣なのです！

イサベルはさらに、新たな儀式を考案したり導入したりする際、遊びの要素が重要であることも強調しています。そのためにはまず、集団から不安をなくすことです。不安や緊張は「遊び」を台無しにします。遊び心を本来備えている人間が新たな儀式を受け入れるには、不安を絶えず引き起こすような、いじめなどのない文化をつくることが先決なのです。

オンライン忘年会

各地の同僚と共通の文化を育む

32 オンライン忘年会

こんなとき

ふだん一緒にいない複数のチーム合同で忘年会をおこないたいとき。

チーム儀式

チーム横断や組織でも可能。

用意するもの

+ カメラの設置
+ テレビ会議システム
+ 忘年会を盛り上げる小道具（任意）

難度

計画【中】。
機器や小道具、プレゼント交換、音楽や飲食物など、必要に応じて準備する。

内容

　メンバーがさまざまな場所に散らばっているチームは、忘年会の開催が難しい。この儀式は、各地のメンバーがオンラインで交流し、一緒に楽しめるよう考案された。テレビ会議や電話会議以外で、結びつきを強化しようというものだ。

　忘年会シーズンが近づいたら、各地に散らばっているメンバーのことをよく考慮したうえで、忘年会の日時を設定する。なにかテーマを決め、時間帯の異なる人でも参加しやすいよう、スケジュールに幅をもたせる。それぞれの職場で食事や歓談などリアル忘年会をおこなってから、オンライン忘年会、というやり方もある。プレゼント交換、表彰、おつかれさまのひとことのほか、もっとフォーマルな催しを企画してもいい。

やり方

　目的は、さまざまな場所にいる仲間たちとつながり、ふだんは仕事でしか使わないテレビ会議システムを、一緒に楽しむ目的で利用すること。

使用しているテレビ会議システムにもよるが、支社ごとにカメラとモニターを一台ずつ設置する、あるいは、各自が自分のモニターから参加するやり方もある。

音楽リストを共有しておき、同じ曲をそれぞれの支社でも流せるようにする。仮装や盛装を呼びかけてもいいだろう。

お楽しみはプレゼント交換だ。シークレットサンタ方式で、全員がだれかのサンタ役をランダムに割り当てられ、別の支社にいる仲間へのプレゼントを用意し、忘年会までにその人が働いている支社へ届けておくやり方もある。そして、あらかじめ決めておいた時間になったら、ビデオカメラの前でプレゼントを開き、交換の様子をみんなが見られるようにする。プレゼントを開けている人は、だれが自分のサンタかを当てる。

チームで相談して、だれに何をプレゼントするかを決めるやり方もある。ソフトウェア企業のレスアカウンティングは、プレゼントを贈る儀式をライブでおこなっている。[47] 同社の社員は6つの異なるタイムゾーンに散らばっている。そこで、忘年会の日は、全社員が各自のパソコンでログインする時間をあらかじめ決めておく。プレゼントの費用は会社から支給される。

ログインしたら、各メンバーへのプレゼントを順番にチームで決めていく。自分の番になったらスピーカーをオフにし、その間、ほかのメンバーが相談してプレゼントを決める。決まったらなるべく早く配送されることを確認したうえで、オンラインで即手配し、次のメンバーへのプレゼントを相談する。

リモート・プレイリスト

音楽をシェアすることで、つながる機会を毎週つくる

33 リモート・プレイリスト

こんなとき

各地に散らばっているメンバー間の結びつきを強化したいとき。

チーム儀式

チーム横断や組織でも可能。

用意するもの

＋　シェア可能な音楽サブスクリプション

難度

計画【中】。
プレイリストを作成してシェアする必要がある。

内容

　各地にいるメンバー同士が定期的に音楽をシェアすることで、会議やメール以外で互いのことをもっと知り、親交を深めるようにする儀式。知らない曲、思いがけない曲に毎週出会う機会にもなる。

やり方

　週ごとにチームメンバーが交代でプレイリストを準備し、ＤＪ役を務める。ほかの人たちに聴いてもらいたい音楽を1週間分、選曲する

わけだ。プレイリストのリンクをシェアするので、どの曲が一番人気があるかもわかる。プレイリストを「公開」するタイミングはあらかじめ決めておく。たとえば、月曜朝一に担当メンバーがプレイリストを全員に送る、など。ちょっとしたサプライズにも、ほかの場所にいる仲間を知る新たな手段にもなる。

2歳の子がやっと
「ママ」って言える
ようになりました

明日の晩、
バンドで
演奏します

年末年始は
ハワイで過ごす
予定です

気軽にチェックイン
プライベートなことを手短に話して
つながりを深めていく

34 気軽にチェックイン

こんなとき

チームで共感しあえる関係性を築きたいとき。

チーム儀式

チームでおこなうが、ペアでも可能。

用意するもの

＋ モノは不要。会議など、きっかけになる場さえあればいい。

難　度

計画【低】。

内容

　立ち会議などで各自が業務の進捗状況を報告するように、プライベートなことも気軽に報告できる環境を育む、手短なあいさつ儀式。会議に入る前に、仕事以外の最近の出来事をひとりずつ話してもらう。ほんのひとことでかまわないし、プライベートなことをどこまで話すかはその人の自由だ。

　良好な人間関係、つながりや親交を深めるのに役立つ。仕事以外の顔を知ってもらう機会にもなる。

やり方

　毎日あるいは毎週の立ち会議など、定例会議に織り込んでおこなう場合が多い。進捗状況をひとりひとり順番に報告するついでに、プライベートなことも少し報告してもらう、というわけだ。家族、趣味、週末の過ごし方など、なんでもかまわない。

　ソフトウェア企業ミディアムは、この儀式をひとつの手段として、職場に自分をまるごと持ち込んでも大丈夫だと、メンバーがしっかり理解できるようにしている。[48]

プライベートな話を少ししてもらうことで、気持ちを分かちあい、弱さを見せてもいいのだと知り、共感を育む、そんなチーム文化の強化を目指している。

　また、全員に話をしてもらうことで、インクルージョンを高めることにもつながる。それぞれが大切にしていることを、心理的に抵抗なく、はっきり言いやすくなる。理想は、会議中にだれもが遠慮なく意見を述べられるようになることだ。

メンバーが
各地にいる
バーチャルチームなら

その日１日の自分の様子を
シェアする日を決める。

その日は１時間ごとに、
どこで何をしているかが
わかる３秒動画を録画する。

チーム全員の
動画を１本にまとめ、
リモート会議のたびに
ひとり分ずつ動画を流す。

３秒動画を撮るたびに、
パートナーと
直接シェアする
方法もある。

３秒動画シェア・デー

１日の様子をシェアし、
バーチャルチームのつながりを深める

３秒動画シェア・デー

こんなとき

別の場所にいるメンバー同士の親交を深めたいとき。

チーム儀式

チームでおこなう。

用意するもの

+ カメラ機能付きスマートフォン
+ 動画シェア用フォルダ
+ グループメッセージアプリ

難度

計画【低】。
フォルダの作成と、動画撮影のリマインダーが必要。

内容

　各地に散らばっているバーチャルチームのメンバーとつながりを深めるための儀式。スタンフォード大学dスクールの「国境を越えるデザイン（Design Across Borders）」クラスが、リモートチームの協力を得るために考案した。

やり方

　チームメンバー全員でやろうと決まったら、ペアを組む。シェア・デーは終日、自分の３秒動画をスマートフォンで録画していく。朝食、出勤、午前中の仕事、昼食、午後の仕事、退勤など、その日1日の様子を録画していく。

　３秒動画をそのつどペアの相手に送ってもいいし、1本にまとめてからシェアしてもいい。相手も自分の動画を同じようにシェアする。互いの日々の仕事や背景を垣間見られるようにするわけだ。1本にまとめた動画をリモート会議のときにチーム全員で視聴してもいい。

ウォーキング・ミーティング
シンクロした状態で問題の掘り下げを促す

36 ウォーキング・ミーティング

こんなとき

会議を、もっとクリエイ
ティビティやインスピ
レーションにあふれる活
発なものにしたいとき。

チーム儀式

チームでおこなう。

用意するもの

＋　特になし。目的地
の工夫次第で効果
が高まる。

難度

計画【低】。
日時と目的地を設定する
必要がある。

内容

　ルートに沿って一緒に歩きながら、問題
を話しあったり、新しいアイデアをブレスト
したりする、シンプルな儀式。いつもの会
議や打ちあわせを、向かいあって座った状
態でおこなうものから、並んで歩きながら
おこなうものに変える。

　特に効果を発揮するのが、長時間パソコ
ンの前に座りっぱなしで、打ちあわせなどを
延々とおこなう状態が続いているときだ。
メンバーの並び方を変え、共通の目的地を
設定して、並んで一緒に歩く会議にすれば、
新たなつながりができたり、インスピレー
ションがわきやすくなったりする。

やり方

　歩くことが、クリエイティビティや収束的
思考を高める、という研究もある。[49] ほかの
メンバーと手足の動きがシンクロすると、思
考もシンクロしやすくなる。並んで歩くこと
でつながりが深まりやすくなるのだ。しか
も、横に並んで歩いているときは、テーブル

をはさんで向かいあっているときと異なり、上下関係が意識されにくく、対等な立場で話をしやすくなる。年齢や経験が異なる人たちも、同じレベルで遠慮なく話しあいやすくなるのだ。

ウォーキング・ミーティングで話しあうテーマが（焦点を絞って集中する類のものではなく）問題の掘り下げやクリエイティビティに関わるものであれば、特に有効だ。[50] 重要なのは、メンバーがいくつかのグループに分かれ、それぞれで話しあって、新たなアイデアを模索できるようにすること。その後、ファシリテーターの呼びかけで、ルート上に設けられた指定場所に集まり、話しあった内容を報告し、必要に応じてまたグループ替えをしてウォーキング・ミーティングを続ける。

いくつかおさえるべきことがある。まず、ファシリテーターは、歩くルートとテンポをよく考えること。これが、ウォーキング・ミーティングをおこなううえで時間を有効活用する基本的枠組みになる。また、ルート上に興味を引くポイントを入れておくといい。チームが目的意識を持ち、ウォーキング・ミーティングをおこなうモチベーションとなる。

チームメンバーが2、3人の組に分かれておこなうのが理想だ。屋外でおこなうとはいえ、このウォーキング・ミーティングも通常の会議と同じように、その目的、議題、構成を説明してから開始する。必要に応じて、リーダー、ファシリテーター、書記などの役割を決める。

社員オフ会

食事をしながら、パーソナルな面を共有する

37 社員オフ会

こんなとき

個人的つながりや共感を生み、人間関係を強化する。

チーム儀式

チームでおこなう。

用意するもの

+ 料理
+ プロジェクタとスクリーン

難度

計画【中】。
料理の用意と、話す人へのサポートが必要。

内容

　チームメンバーが互いの身の上（家族、学歴、価値観、目標など）について理解を深める儀式。週1回あるいは月1回など、定期的におこなう。毎回ひとりが当番となり、自分の経歴について1時間ほど話をする。スライド、動画、プリントなど、なにを用いてもかまわない。料理の選択も任される。本人の好物でも、郷土料理でもいい。

　くつろげる場所にみんなが集まる。家で一緒に映画でも観るような感じだ。当番の人が身の上話をしている30分ほどのあいだ、ほかのメンバーは食事をしながら聞く。そのあと、質問したり歓談したりする。互いに知らない面を発見でき、共感できる関係性を育める。

やり方

　この儀式は、スタンフォード大学のナイト・ヘネシー奨学生プログラムとdスクール・フェローシッププログラムの一環としておこなわれているものだ。これから1年間をともにする学生が集まったら、プログラムの最初に「身の上話食事会」をひとりずつ順番に開いて

いる。学生たちの結束が強まり、それぞれの実に多彩なバックグラウンドの理解にもつながっている。

バリエーションもいくつかある。IDEOがおこなっている「IDEOストーリー」は、「ザ・モス〔本当にあった話をするコンテスト〕」のように、ライブで話をするイベントだ。デザイナーのストーリーテリングのスキル向上につながれば、と考案された。いざ始めてみると、スキルの向上以上に、ひとりひとりのユニークな経歴を知る機会となり、コミュニティの結束につながることがわかった。[51]

SAPアップハウス（AppHaus）では、ストーリーテリングを「ペチャクチャ」方式でおこなっている。20枚のスライドを1枚につき20秒で説明していく（計6分40秒）。プレゼンを簡潔におこなうこのやり方は、複数の人に手短にプレゼンしてもらうのに向いている。組織内で「ペチャクチャナイト」をおこない、ひとり7分足らずでいろんな人に自分のことを話してもらうのもいいだろう。

1年の終わりに、
その年に
取り組んできた
様子の写真を
チームメンバーから
集める。

集めた写真を
「特大コラージュ」
にし、壁に
飾っておく。

1年フォト・コラージュ

チームの写真をコラージュし、共有できる歴史をつくる

1年フォト・コラージュ

38

こんなとき

共有の歴史をみんなで振り返りたいとき。

組織儀式

組織でおこなうが、チームでも可能。

用意するもの

+ 大判の貼り紙、または壁
+ チームの仕事の様子の写真

難度

計画【中】。
写真を集めてコラージュし、適当な場所を探して飾る必要がある。

内容

　家族の写真を飾っておくのと同じことを組織でおこなう儀式。組織のメンバーが共有している歴史を、視覚化する。1年の最後に、忘年会などの場で、その1年を写真で振り返る。

　社内行事、各種懇親会、オフサイトミーティング、パソコンのスクリーンショット、成果物など、どんな写真でもかまわない。ひとり最低1枚は写真提供する。集まった写真は、グラフィックデザインの心得がある人にコラージュしてもらう。プリントアウトして額に入れて壁に飾ってもいいし、塩ビシートなどにプリントして壁一面を覆う手もある。このように視覚化することで、仕事がひとつのナラティブとなり、ある種の集団意識ももたらされる。

災害ボランティア

社会貢献の顔

メンバーの社会的活動を認識する

39 社会貢献の顔

こんなとき

組織として共有している価値観や社会的責任に気づいてもらいたいとき。

組織儀式

部門やチームでも可能。

用意するもの

＋　プロジェクタ（写真やスライドで紹介する）

難度

計画【中】。
場所と日時をあらかじめ決めておく必要がある。

内容

　社会的活動をおこなっている人に定期的にスポットライトを当てる儀式。ほかのメンバーに、そうした活動への参加を促すきっかけにもなる。

　ボランティア活動、公共の利益のための取り組み、公共のためのその他活動など、仕事関連以外のコミュニティにも貢献している人に、いま取り組んでいることをみんなの前で話してもらう。特に、なぜその活動を始めた

のか、社会にどんなインパクトがあるのかを話してもらう。

　会議、オフサイトミーティング、懇親会などに組み込んでさくっとおこなう。組織内でコミュニティの価値観を強調することにも、社会的活動への誘導にもつながる。コミュニティをよくすることに取り組んでいる人に感謝の気持ちを表し、社会問題について啓発し、同様の取り組みをおこなっているほかの人に気づきやすくなるはずだ。

焼き菓子トーナメント

ちょっとしたイベント期間を設け、部門間の垣根を取り払う

40　焼き菓子トーナメント

こんなとき

部門間の垣根を越えて交流し、組織をまとめるイベントをおこないたいとき。

組織儀式

組織でおこなう。

用意するもの

+ 会場
+ 投票用紙など
+ 皿、ナイフ、フォークなど

難 度

計画【中〜高】。
参加者、イベント、審査員を調整する必要がある。

内容

　気軽なトーナメント形式の儀式。焼き菓子づくりの腕を披露したり審査したりすることで、ふだんあまり交流がない他部門の人たちと一緒に楽しむのが目的だ。週に1度の特別イベントとして、みんなに参加してもらい、最後まで勝ち残るのはだれか、見届けてもらう。

　4〜6週間ほどかけ、毎週テーマを変えておこなう。作り手、あるいは審査員として、だれでも参加できる。週に1度のお楽しみとなるし、次はどんなテーマだろう、勝ち残るのは

だれだろう、と話のネタにもなる。

　重要なのは、だれが最後まで残るかではなく、ふだん一緒に仕事をしていない人たちが定期的に顔をあわせ、話をし、親交を深めることだ。

やり方

　某大手法律事務所がこの儀式を始めたのはある夏のことで、所員たちは週に1度の焼き菓子を楽しみながら、ふだんあまり接点のない他部門の所員と顔をあわせ、話をする

ようになった。同じ事務所で何十年と働いていても、ほかの人がどんな仕事をしているのか知らない場合もある。そうした縦割りの弊害を打ち破るひとつの手段になった。

● **開催する時期（4〜6週間）を決める。** ほかの行事や休暇シーズンにかからないようにする。

● **開催を知らせ、挑戦者を募る。**

● **週ごとのテーマを発表（材料も指定）し、挑戦者はそのテーマにあった焼き菓子（パイ、ケーキ、ペイストリー、マカロンなど）を作る。**

● **作り手がだれかわからないようにして、番号札だけ添えた焼き菓子を会場に並べる。** 1時間の開会中は、組織のだれでも自由に立ち寄って試食できる。一番好きな焼き菓子の番号を紙に書いて投票する。

● **最後に票を集計する。** 得票数が一番少なかった人が敗退し、それ以外の全員が翌週に勝ち進む。

● **残りの週も同様に進め、最終日の審査で最多得票数だった人が、優勝記念として、王冠、トロフィー、旗などを授与される。**

効果

この儀式をおこなっている法律事務所では、所員が定期的に交流するようになり、仕事以外の話をし、互いの隠れた才能を知る、といった効果が出ている。開催期間中は、ふだん話をしたこともない人たちと親しくなれるそうだ。食べ物は、人をつなぐ、レシピやコツをシェアする、ほかの人の料理の腕前を評価する、すばらしい手段となる。

同法律事務所では、この1時間程度のイベントが終了したあとも居残る人が毎週いて、引き続き雑談をしたり、焼き菓子をおかわりしたりしている。トーナメントが終わった後もしばらくのあいだ、レシピをシェアしたり、好きな食べ物の話をしたりするようになるなど、いまや毎年恒例のイベントになっている。

第 7 章

組織の変革期や
転換期に
適応を促す儀式

Org Change and Transition Rituals

人生と同じで、個人、チーム、組織にもライフサイクルがあります。
職場で言えば、就職、離退職、合併、分割、昇進、降格、引退
などがあるでしょう。

こうした転換期において、儀式は、変化への適応を促してくれる
有効な手段となります。

儀式をおこなうことが、状況を正しく把握して
コントロール感を取り戻す、新たな役割や業務に早く慣れる、
変化のときにも安定性を維持することにつながるのです。

「組織の変革期や転換期に適応を促す儀式」は
こんなときに役立つ

個人

+ 新メンバーを歓迎する
+ 新人研修修了を祝う
+ キャリア変更に対処する

チーム

+ 退職した人に対する気持ちに区切りをつける
+ 新メンバーに会社の価値観を伝える
+ 臨時チームのアイデンティティをつくる
+ オリエンテーションを能動的なものにする

組織

+ 合併、買収、リーダー交代の間も安定性を維持する
+ 部署や事業の閉鎖時に感情を整理する
+ 組織の方向転換をスムーズにおこなう

組織の変革期や
転換期に適応を促す
10の儀式

新たな環境や大きな変化に適応する

転換期の儀式の効果

異動期の精神的サポートになる

　入社や昇進で新しいメンバーが入ってくると、当人にも配属先にもさまざまな機会がもたらされます。あたたかい歓迎の儀式をおこなうことで、当人も任務に邁進しやすくなり、新たな環境や業務により早く慣れることにつながります。

　歓迎の儀式は、組織の価値観をはっきりと示す場にもなるため、新メンバーにきちんと理解してもらいやすくなります。

　まもなく退職する人がいれば、儀式が感情の整理に役立ちます。それが解雇であれ、自己都合であれ、転換期の儀式でひとりの人間の人生における一大局面に終止符を打つことができます。儀式は、単に区切りをつけるのではなく、不安定になりそうなこの転換期を、退職する当人もチームもよりスムーズに乗り切る一助となります。

強いナラティブをつくる

　組織内が大きく変化しているとき、核となる価値観や組織にまつわるナラティブが揺らぐことがあります。このようなとき、儀式は、継続したひとつのナラティブを通して、価値観を強化する手段になります。さらに、変化した組織にあわせて新たなナラティブを形づくるのにも役立ちます。

長い道のりで足並みをそろえることを目指す

　新たなプロジェクトやチームを立ち上げる際、目標のひとつとして、これから長い道のりをともにするにあたり、メンバーが足並みをそろえることがあげられるでしょう。転換期の儀式をおこなうことで、プロジェクトやチームメンバーをシンクロさせられます。チームを活気づけ、メンバーの関係性強化にもつながります。

　プロジェクトが終了したりチームが解散したりするときは、じっくりふりかえって建設的な意見を出しあう好機です。儀式は、ネガティブな感情にみんなで対処し、コントロール感を取り戻すためのしくみになります。

歓迎ギフトセット

サプライズプレゼントで新メンバーに組織文化を伝える

㊶ 歓迎ギフトセット

こんなとき

これから入ってくる人を
歓迎する。

組織儀式

組織が個人に対して
おこなう。

用意するもの

＋　メッセージ入り歓迎
ギフトセット

難度

計画【中〜高】。
核となる価値観に結び
つく歓迎ギフトを一度
デザインすれば、あとは
繰り返しなので簡単。

内容

　新しく入ってくる人を、組織文化を象徴するユニークなギフトで歓迎する儀式。今回の採用決定がその人の思い出に残るよう工夫する。意外性があるもの、喜ばしさが感じられるもの、(この就職を一緒に喜んでくれる)大切な人と共有できるものがいい。

　たとえば、ドロップボックスは、その核となる信条のひとつを、「カップケーキ」としている。同社はこれに沿って、採用を決めたひとりひとりにピンク色のギフトボックスを送った。中身はカップケーキの手作りキットだ。世界にひとつだけのおいしいカップケーキで採用決定を祝ってもらおう、大切な人と一緒に楽しんでもらえるかもしれない、と考えたわけだ。

なぜカップケーキなのか

　このカップケーキ手作りキットを考案したのは、同社のデザインチームだ。あたたかい歓迎の気持ちをもっとしっかり伝えるよう任された同チームは、2つの点に気づいた。まず、急成長中だった同社には、採用が決まった人に自社の文化をより効果的に伝える方法

が必要だったこと。そして、それまでの歓迎
方法が、ノベルティの余り物をひとまとめに
して渡すという、特別感にも配慮にも欠ける
ものだったこと。そこで同チームは、ドロップ
ボックスの文化をより意図的に伝える方法に
重点を置くことにした。

　同社の核となる価値観のひとつであるカッ
プケーキは、遊び心を忘れずに新たなソフト
ウェアを開発する、という同社の姿勢を象徴
するものだ。組織デザイナーのクレア・ペダー
センがこれにヒントを得て、歓迎の儀式を考
案した。こうしてクレアのチームは、ピンク色
のギフトボックスからカップケーキの材料に

いたるまで、すべていちからデザインし、グルテンフリーで卵や乳製品も一切不使用の、電子レンジで作れるカップケーキを完成させたのだ。

やり方

　歓迎ギフトを考案する際、まず注力すべきは、創業者や組織の核となる価値観の明確化だ。この儀式の肝は、ほかにない、ユーモラスで、思いがけない、特別な「プロモーションツール」をつくること。それに加え、自社を際立たせている価値観を象徴するものでなければ意味がない。デザインのプロセスで自社の価値観をブレストしてみるといい。価値観を特定できたら、それを象徴するものを選ぶ。それから、それに沿って歓迎ギフトを考えるといい。

役目を終えた歓迎ギフト

　同チームはこの歓迎ギフトを1000セット用意した。材料と作り方をきちんと決めるため、社員食堂のシェフの協力を得て試作を重ね、電子レンジでできるおいしいカップケーキのレシピを考案した。

　この歓迎ギフトは非常に好評だった。ある人は、受けとったときの喜びを記事にし、入社を決めた主な理由のひとつに挙げていた。大切な人にプレゼントした、だれかに作ってあげた、という人も大勢いた。[52]

　しかしながら、この儀式はもう同社ではおこなわれていない。会社の規模が大きくなったため、ギフトそのものをやめたのだ。

新人研修修了式

新メンバーのがんばりをたたえる

42 新人研修修了式

こんなとき

研修を終えた新人がいよ
いよ仕事を始めるとき。

組織儀式

組織でおこなうが、規模
を小さくすればチームで
も可能。

用意するもの

+ 　食べ物
+ 　音楽
+ 　式の飾り付け

難度

計画【高】。
多くの人に関わってもら
う式を企画するため、万
全の準備が必要。

内容

　新人研修が終わるタイミングで、入社後数
週間の努力を認めて祝う儀式。大学卒業式
のようなものだが、もっとリラックスしたパー
ティー感覚でおこなう。

　ザッポスもこうした儀式を新入社員向けに
おこなっている。新たに仲間入りする人たち
を家族のようにあたたかく迎えるのが目的
だ。入社直後の研修期間のがんばりをねぎら
う意味もある。この間、新メンバーは会社の
さまざまなしくみを覚えたり、企業文化を理
解したり、大勢の顔と名前を覚えたりしてきた
のだ。

やり方

- **修了式当日は、全社員が決められたテーマにあわせた格好をする。**修了式会場の周辺で、音楽や鳴り物を伴ったにぎやかな祝賀パレードをおこなう。

- **パレードのあと、新入社員と講師陣が修了祝いの昼食をともにする。**その後、新入社員は整列して修了式会場の近くで待機する。

- **ほかの社員が、風船、ギフト、鳴り物などを手にしながら会場に入る。**新入社員が招待した家族や友人もこのときに入場する。

- **音楽やスライドで会場の雰囲気を盛り上げる。その後、頃合いになったら、行進曲「威風堂々」を流す。**講師の先導で新入社員が入場し、席に着くあいだ、全員が拍手で迎える。

- **講師代表が全新入社員を紹介する。**音楽（軽快なダンスミュージックなど）が流れるなか、ひとりひとり名前が読み上げられる。新入社員は呼ばれた順にステージに上がり、新人研修修了記念品を受けとる。

- **受けとった人は、紙吹雪クラッカーと記念品を手に、ステージの下で待機する。**全新入社員がそろったら、主催者が出席者全員に感謝のことばを述べ、その後15分間、自由に歓談してもらう。時間が来たら、それぞれ仕事に戻る。

現在のザッポスの修了記念パーティー

　ザッポスがこの儀式を始めた当時は、ささやかなものだった。各研修の終わりに、新入社員と講師陣が2グループに分かれて雑学コンテストをおこなっていたのだ。研修室で少人数でおこなう、くつろいだ雰囲気のものだった。

　それが大がかりなものになっていったのは、同社が街の中心部に移転してからだ。構成や式典にもっと費用をかけ、よりイベントらしいものになっていった。いまでは、社内の制作チームが音楽も照明もセッティングする本格的な演出の、周到なセレモニーとなっている。

デスク奇襲

サプライズでチームメンバーとの関係性を築く

43 デスク奇襲

こんなとき

新メンバーがいよいよ仕事を始める日、チーム全員と話をするきっかけにしてもらう。

チーム儀式

チーム全員参加で、新メンバーと確実に顔あわせできるようにする。

用意するもの

＋　会話の糸口として、個人的な話のタネになる私物をチーム全員にもって来てもらう。

難度

費用、計画ともに【低】。ただし、チーム全員の同意が必要。

内容

　新メンバーの配属初日におこなう、歓迎の儀式だ。あいさつ回りや昼休みなどで新メンバーが席を離れているあいだに、チーム全員が各自の私物をそのデスクの上に置く。戻ってきた新メンバーは、自分のデスクが他人の私物であふれているため、それぞれの持ち主を探すはめになる。探し当てたら、それにまつわる雑談をその人とするきっかけになる。

　この儀式は、ゲーム感覚の案内ツアーのようなものだ。新メンバーにチームの仲間と1対1でやりとりしてもらうため、1対多の関係ではなく、最初から個々に関係性を築いていってもらえる。

やり方

● **新メンバーの配属初日、チームのだれかがコーヒーに誘う、社内を案内する、といった口実で、席を離れさせる。**

● **その間、ほかのメンバーは私物をひとつずつ、新メンバーのデスクの上に置く。**自分のことを話すきっかけになるものがいい。それぞれがだれのものか探し当てるための最初のヒントも添えておく。

● 席に戻った新メンバーは、デスクが他人の私物であふれているのを見て、ぎょっとしたり、とまどったりするはずだ。そこで**それぞれの持ち主を探すよう、促してあげる。**

● **この儀式には基本ルールがいくつかある。**さきほど案内してくれた人にヒントを訊けるのは3回まで。だれのですか、という質問は認められない。持ち主がわかってすべて返し終わったら、観葉植物の鉢がもらえる。これが儀式の締めくくりとなり、まだなにもないデスクを彩る贈り物になる。

修正バージョン

この儀式は、dスクールのクラスが、あるテック企業のイノベーションチームのために考案したものだ。以来、そのチームに活用されているが、若干修正されている。まず、全員に私物を持って来てもらってデスクに置くのが難しかったため、まとめ役を決めることにした。

さらに形を変えたのは、複数の新メンバーが同じ日に配属されてきたときだ。このときは、私物ではなく、個人的なことをひとつ、ひとり1枚カードに書き、配属初日にまとめて渡

した。歓迎の印であり、課題でもある。それぞれのカードの内容に一致するメンバーを、新メンバーに見つけさせるのだ。

応用するなら

まとめ役を決め、私物でもカードでも、その人が責任を持ってメンバー全員から集めるようにするといい。自分を物語るちょっとしたものを持って来ることに抵抗がないか、軽く探ってみて、難しそうなら、カードに個人的なことを書いてもらえばいい。

慣例打破

徹底的な方向転換を印象づける

44 慣例打破

こんなとき　組織が大きく方向転換するとき、これまでのやり方を象徴するものを実際に打ち砕く。

組織儀式　組織全員参加で、変革をしっかり認識し、転換の一端を担ってもらう。

用意するもの
+ デスクトップパソコン（など、これまでのやり方を象徴するもの）
+ ハンマー類

難度　費用【中】、計画【高】。全員の同意が必要。

内容

時代遅れの戦略や機能していない慣例と正式に決別する儀式。経営陣が組織全員を招集する。「旧式で機能していないやり方」の象徴である、破壊可能な大きめのものをステージに設置し、経営陣が宣言する。「みんなで一緒にぶっ壊しましょう！」

ひとりずつ順番にハンマーを手渡され、その旧式の象徴を叩き壊していく。ジップカーでおこなわれたものにヒントを得た儀式だ。同社では、社員がデスクトップパソコンを叩き壊すイベントを催し、モバイルファーストのビジネスモデルへの転換を促した。

この儀式は、企業戦略が大きく転換する移行期であることを、強烈なやり方で刻みつける。また、カタルシスの機会にもなる。淡々とおこなう破壊行動によって、変化に伴う後ろ向きなムードや不安を解き放てるからだ。組織中の語り草にもなる。

やり方

- **ジップカーは従来、デスクトップパソコンで業務をおこなってきた。**モバイルファースト戦略への移行を決めた経営陣は、この移行をシンボリックな形で社員に伝えたかった。

- **そこで、この儀式を重要な転換点にしようと考えた。**社員にハンマーを渡し、2台のデスクトップパソコンを滅多打ちにすることで、「古い考え方」を自分たちの手で打ち破れるようにしたのだ。

- この儀式は（文字通りの意味でも、比喩的な意味でも）古いものを壊して新しいものを取り入れる強烈な体験となり、たちまち社内の語り草となった。今後のためにまさに必要とされることを象徴するエピソードとして、語り継がれていくだろう。

効果

ジップカーはこの儀式のあとも、さまざまな活動を通じて、モバイルファーストへの移行期をスムーズに乗り切ろうとした。ミレニアル世代の利用客を招いて座談会形式の会議を毎週おこない、ニーズを社員と話しあってもらったのもそうした試みのひとつだ。こうした道筋をさまざまな社員に用意することで、シンボリックな儀式体験の効果を最大化することができる。

応用するなら

こうした強烈な儀式には、経営陣の意見が一致している戦略と、明確な方向性が必要になる。そこが定まれば、これまでのやり方を象徴するものと、それに対する行動はおのずと決まってくる。物理的な破壊行動があったほうがいい。そのほうが、戦略の転換という抽象的なものが全員の腹に落ちるはずだ。

過ぎ去った日々を偲ぶ会

これまでのやり方に敬意を表して前へ進む

45 過ぎ去った日々を偲ぶ会

こんなとき

これまでのやり方や優先順位が変わりつつあるとき。そして、それにうまく対処できない人がいるとき。

組織儀式

組織全員参加で、非協力的な人にも変化に向きあってもらう。

用意するもの

＋　（これまでのやり方のよかった点を示す）ポスター、スライド、動画、短いスピーチなど。

難　度

費用【中】、計画【高】。実現と全員参加を確実にするために、マネジャーか経営陣の同意が必要。

内容

　時代に取り残されていくものと、そうしたものにかつて懸命に取り組んだ多くの先人に感謝し、敬意を表してたたえる儀式だ。これまでのやり方やかつてのチーム体制からの転換を記念する場でもある。この儀式を機に、時代はすでに変わったことをはっきりと認識してもらう。

　これまでとは異なる組織編成になることに、なかなか理解が得られないときに使える組織変革の儀式だ。チェンジ・マネジメントの長いプロセスのあいだには、前のほうがよかったと懐かしんだり、恨み言を言ったり、感情的になったりする人も少なくない。

やり方

● **定着している計画、部署名、組織体制などが正式に廃止され、新たなものに変わる日を知らせる。**その際、この「偲ぶ会」(呼び方は工夫する) にも触れ、重要な組織改革を推進するための集会があることを周知する。

● **「偲ぶ会」で紹介する写真やエピソードの提供を呼びかける。**会の趣旨はなんといっても、廃止されるものと、それに携わった人々をたたえることにある。

● **当日は、提供された写真その他をまとめたボードやスライドのほか、飲食物や静かな音楽も会場に用意する** (葬儀時の会食と同じ)。

● **全員が集まったところで、組織のリーダーが司会役となり、出席者全員への感謝の気持ちと、この会の趣旨を伝える。**

● **なくなってしまうのが残念なことや、全員で敬意を表したい人のこと** (かつての社員など) を、思い思いに語りあったり、マイクの前で話してもらったりする。

● **司会役から全員への感謝のことばで閉会する。**

応用するなら

「偲ぶ会」だからといって、葬式を真似る必要はない。埋葬や葬列を模したり、賛美歌や弔辞を (ともかく名前入りでは) 取り入れたりする必要もない。とはいえ、葬儀的役割は果たすべきであり、そのために、コミュニティの全員が集まり、ひとつの大きなものが終わるという深い悲しみを共有する。食べ物、音楽、語らいなど、パーティー的要素はあるが、主目的は、この喪失感を乗り越え、新たな時代に向けて心の準備をすることにある。

この儀式では、語りあうことが重要だ。それぞれが自身のエピソードや経験を語らい、懐かしい時代を振り返ることができる場にする。また、変わることへの嘆きや不安を集団で癒やせる場でもあるべきだ。全員参加の儀式の場で、これまでのやり方をたたえずに一掃してしまうのは避けたほうがいい。

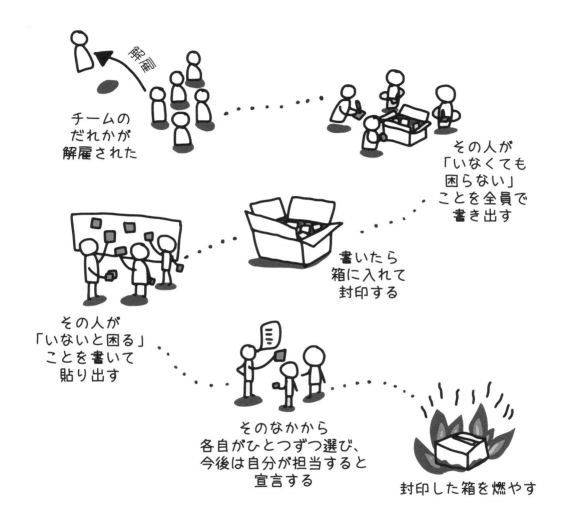

チームの
だれかが
解雇された

その人が
「いなくても
困らない」
ことを全員で
書き出す

書いたら
箱に入れて
封印する

その人が
「いないと困る」
ことを書いて
貼り出す

そのなかから
各自がひとつずつ選び、
今後は自分が担当すると
宣言する

封印した箱を燃やす

リストラ追悼式

チームメンバーが解雇されたとき、気持ちに区切りをつけ、
その後のタスク分担を決める

46 リストラ追悼式

こんなとき

チームのだれかが解雇され、気持ちを整理したいとき。

チーム儀式

気持ちに区切りをつけるため、チーム全員参加が望ましい。

用意するもの

+ ふせん
+ ペン
+ 箱
+ シュレッダー、または火を使っても安全な場所

難 度

計画【低】。
チームメンバーの同意が必要。

内容

チームのだれかが解雇されるなど、大きな混乱が生じたときに、カタルシスを経て気持ちに区切りをつける儀式。その人がいなくても困らないこと、いないと困ることをチームでデブリーフィングする。「いないと困る」ことは各自がひとつずつ担当することにし、「いなくても困らない」ことは箱に封印して燃やす。

この儀式は、dスクールのあるチームが、とりわけ動揺しやすい転換期に対処するひとつの方法として考案した。残されたメンバーが、予期せぬ混乱のあとに活気を取り戻せるよう、事態を前向きに話しあう場になる。残されたほうはなにかと大変だが、解雇された人への感謝の気持ちを確認する機会にもなる。

組織の結婚式

２つの組織が意思表示をしてめでたく結ばれる

47 組織の結婚式

こんなとき
企業の合併や買収がおこるとき。

組織儀式
組織対組織でおこなうものだが、合併するチーム同士でも可能。

用意するもの
+ 誓いのことば
+ 結婚証明書
+ 花
+ 音楽
+ ケーキと飲み物

難度
計画【高】。式の念入りな計画準備と相手側の同意が必要。

内容

　組織の合併（または買収）を正式に祝う儀式。形式的文面のメールで通知するような「よくある」転換期とするのではなく、もっとクリエイティブな共同イベントで特別な機会を演出するものだ。そのために結婚式のさまざまなディテールを活用する。

　この儀式は、デザインコンサルティングファームの IDEO が、ほかのグループと正式に統合するときに考案した。会社のキッチンにチャペルを設営し、花を飾り、特大の結婚証明書も用意した。両社の代表が並んで通路を歩いてきて、結婚証明書に署名したあと、ウエディングケーキを互いの口に突っ込みあった。

　両社は、統合が決まって24時間経たないうちに、このイベントをデザインするために集まった。目的は、今回の買収を、人中心のすばらしいものに感じてもらうことだ。「買収」や「合併」ではいかにもビジネスライクで、人のぬくもりが感じられない。そこで、この儀式は、一家族としての新たな門出のように感じてもらうことを目指した。

<u>やり方</u>

- ● **進行役を両社からひとりずつ選ぶ。式次第の台本も用意する。**

- ● **式をとりおこなう広めの会場を用意する。**花を飾り、通路をはさんで両側に椅子を並べ、音楽も用意する。できるかぎり祝賀ムードを演出する。

- ● **「誓いのことば」を用意する。**両社のトップか経営陣が用意し、目指す価値観や関係性を表明してもいい。
  IDEO の誓いのことばをもとにした例：「わたしたちはA社を代表し、あなたがたB社をパートナーとして迎えます。この関係を慈しみ、みなさんとそのご協力に敬意を表し、社会から必要とされるかぎり、これからずっとともに歩み、努力し続けることを誓います」

- ● **両社の各代表が署名する特大の結婚証明書を用意し、会場の壁に貼っておく。**

- ● **合併に関わった全員を式に招待する。**着席するあいだ、音楽が流れている。両社の各代表が新郎新婦さながらに並んで通路を歩いてくる。音楽が高鳴る。

- ● **進行役が誓いのことばをまず読み上げ、続いて新郎新婦役が「誓います」と言って、正式に結ばれる。**結婚証明書に署名する。

- ● **ウエディングケーキ入刀後、互いの口にケーキを突っ込みあう。**全員が拍手喝采し、シャンパンボトルをポンと開け、その場で飲食しながら歓談する。

応用するなら

　この儀式は、IDEO のシカゴ支社が、ある データサイエンス企業を統合するときに考案 されたものだ。応用するときは、自分たちの 価値観はもちろん、合併・買収に伴う心配の 種にあわせて、式、誓いのことば、演出小道 具、結婚証明書を用意する。つまり、この転 換期にどのような不安を抱えているかを、そ れぞれがよく考えるわけだ。いずれも組織の ライフサイクルの不安定な時期にある。これ からかなりの変化があり、アイデンティティ喪 失もありうるのだから。

　この儀式では、人々がこれから抱くことに なるさまざまな感情をいかに誘導し、この関 係性を双方が望むよりよい未来へ向けていく か、に重点を置くべきだ。それぞれが誓いの ことばを書いてみることで、よりよい未来像を 明確にし、心配な点も認めて、対応できるよう にする。

　双方の文化的慣行（定番の食べ物、音楽、シ ンボル、内輪ネタなど）を式そのものに織り込 むこともできる。この結婚式を橋渡しとし、互 いの組織文化に触れあい、この転換期でアイ デンティティがすっかり失われるわけではな い、と再確認するのだ。

アネット・フェラーラ
Annette Ferrara

エクスペリエンス・ディレクター
IDEO シカゴ支社

儀式に取り組むようになった きっかけ

　アネットは IDEO のシカゴ支社でエクスペリエンス・ディレクターとして、儀式など、組織文化を構築する戦略を数多く考案しています。

　アネットのチームが取り組んでいるのは、社員が安心して実験できるよう、ほかの社員とのつながりを感じられるよう、クリエイティブな仕事に対するサポートが得られるようにすることです。そのために考案した儀式は実に多彩で、本書で紹介しているほかにも、次のようなものがあります。

「IDEO ストーリー」
「ぱっとしない材料で料理の鉄人」コンテスト
「スタジオ賞パーティー」
「優秀クリエイティブ・サロン」
「パインウッドダービー」〔動力なしのミニチュアカーレースイベント〕
「屋上映画鑑賞会」
「仮装フライデー」

　ほかにも、ゲームや特別料理を組み込んだもの、好奇心会議、忘年会など、いろいろあります。より強固でよりクリエイティブな文化を育む儀式の考案を得意としているのです。

儀式から学んだこと

　儀式をおこなうことで、クリエイターが「ネスティング」や「ストレッチング」といったさまざまな局面を行き来しやすくなる、とアネットは言います。心理的に安全かつ安定した場でクリエイティブ作業を実践できるからです。細かい作業に集中すべきときもあれば、雑談したり新たな課題に取り組んだりするときもあるといった、日々の仕事の切り替えがスムーズになるのです。また、儀式には、クリエイティビティを最大限に発揮するよう促す力もあるため、スキルを衰えさせずに済みます。

アネットのチームは、イベントや儀式を考案する際、デザインのプロセスを活用しています。まず、仕事の場で当然のようにおこなわれていることを探すようにしています。

たとえば、冷蔵庫にあるものでぱっとしないサンドイッチを社員たちが作っているのを見て、これをコンテスト化しました。職場のキッチンにある材料をちょっとした料理に変身させよう、というわけです。これが「ぱっとしない材料で料理の鉄人」コンテストになり、いまでは同社の文化の一部として定着しています。

また、なるべく多くの社員が参加できるインクルーシブな儀式となるようにしています。社員主導で、自分たちのビジョンやスキルを活かした、こうした儀式をおこなうことが重要だからです。

これからの働き方への期待

アネットのチームは、仕事にもっと意義やコミュニティとしての一体感を見出すための一手段として、職場文化（ワークカルチャー）に取り組んでいます。家族や宗教など、これまでにあったほかのソーシャルサポートが失われつつあるとすれば、仕事の場は、生きがいを見つけるうえで、さらに重要な役割を帯びるようになります。

こうした状況が続くとすれば、職場文化（ワークカルチャー）が社会的健全性（つながり、支え、存在意義を感じられる度合）にとってさらに重要になるはずです。より支えあえる職場文化（ワークカルチャー）をどのように構築し、こうした新たな関係性においてだれもが活躍できるようにするかを、よく考える必要があるのです。

ぱっとしない材料で料理の鉄人コンテスト

職場のキッチンにある材料だけでどんな料理ができる？

指さしチーム命名

臨時チームのアイデンティティを一瞬でつくり出す

48 指さしチーム命名

こんなとき

チーム横断でおこなうプロジェクトが発生し、ふだん一緒に仕事をしていないメンバーの一致団結が必要なとき。

チーム儀式

チームでおこなう。

用意するもの

＋　チーム命名のとっかかりにする本

難 度

費用、計画ともに【低】。チームメンバーの同意があればいい。

内容

　あるプロジェクトのために結成された臨時チームの命名儀式。短期の協働で集まる場合、共通のアイデンティティを形成しづらい、真剣に取り組んでもらいにくい、といったことが少なくない。

　この儀式では、臨時チーム結成後の最初の協働として、それぞれの愛読書をとっかかりにチーム名を決めてもらう。各メンバーが愛読書からランダムにことばを選び、それをもとにして、チーム名とその由来をつくり上げるのだ。

　ポイントは、全員でチーム名をつくり上げることにある。チーム名はチームが解散すればなくなってしまうものだが、活動中は有効だ。ランダムに選んだものから決定するため、最適な名前をめぐって競いあうこともない。ランダムに選んだことばに全員がそろって反応し、そこから意味のあるものをつくり出すことができる。チーム最初の決定事項にもなる。

やり方

　気軽におこなえる儀式なので、クリエイティブで意外性のある活動を、新結成チームが楽しめるようにする。

- **チームが結成されたら、最初の会議に愛読書を各自1冊ずつ持って来てもらう。**

- **まず任意の3人に始めてもらう。**本をランダムに開き、文字の部分を適当に指さす。本は一切見ずにおこなう。

- **指さした先にあることばをひとつ紙に書く。**

- **ほかの人たちも同様にする。**

- **ことばが10個程度集まったら、デスク上かホワイトボードにすべて並べる。**このなかから組みあわせたり、ことばの一部を使ったりして、全員でチーム名を考える。

- **決まったチーム名をホワイトボードか大きな紙に書く。**次に、チームのロゴを考える。チーム名を具体的に表し、その由来が説明できるものがいい。

- **最後に、チームの信条を3つ〜5つ書き出す。**これもチーム名やロゴに絡めるといい。より一貫性のあるアイデンティティをつくることができる。決定したチーム名、ロゴ、信条は、新チームのアイデンティティを示すものとして、メンバーの目につく場所に掲げる。

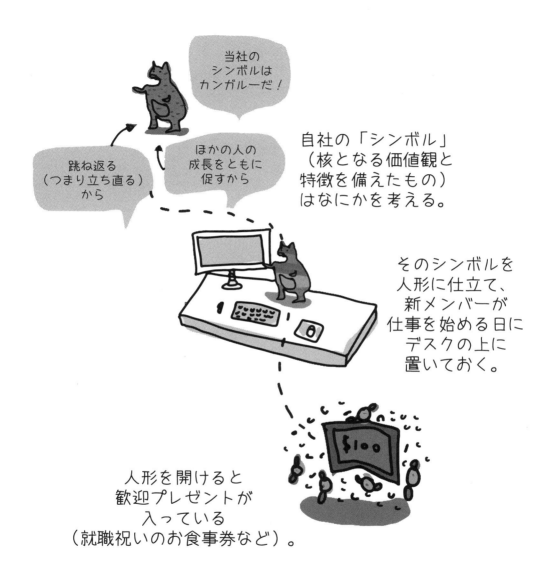

当社の
シンボルは
カンガルーだ！

跳ね返る
（つまり立ち直る）
から

ほかの人の
成長をともに
促すから

自社の「シンボル」
（核となる価値観と
特徴を備えたもの）
はなにかを考える。

そのシンボルを
人形に仕立て、
新メンバーが
仕事を始める日に
デスクの上に
置いておく。

人形を開けると
歓迎プレゼントが
入っている
（就職祝いのお食事券など）。

歓迎サプライズ人形

シンボルをプレゼントの形にして新メンバーを歓迎する

49 歓迎サプライズ人形

こんなとき

新メンバーの配属初日。

組織儀式

組織が個人に対しておこなう。

用意するもの

+ 自社のシンボルを人形仕立てにする
+ その人形のなかに入れるサプライズプレゼント

難度

計画【高】。
人形とプレゼントを用意する必要がある。

内容

　遊び心あふれるサプライズプレゼントで新メンバーをあたたかく迎える、ちょっとした歓迎の儀式。よくあるロゴ入りのもの（マグカップ、トートバッグ、メモ帳など）ではなく、こうした人形なら楽しく関わってもらえるし、組織アイデンティティを象徴するプレゼントになる。

やり方

　自社のマスコットかシンボルを決める。組織の価値観を表すものがいい。決まったら、それを人形仕立てにし、なかにお菓子を詰める。新しいメンバーが入ってくると、その人のデスクにこの人形がサプライズプレゼントとして必ず置かれる。人形を割ると、お菓子が出てくる。大切な人と就職を祝ってもらうお食事券なども喜ばれるだろう。

宝探しオンボーディング

新メンバーが初日から人間関係を築けるよう促す

50 宝探しオンボーディング

こんなとき

新メンバーの配属初日。

組織儀式

組織が個人に対しておこなう。チームでも可能。

用意するもの

+ 宝の地図
+ ヒント
+ 賞品

難度

一度デザインすれば、あとは簡単。

内容

　新メンバーが配属されてくると、たいていチームのだれかが社内を案内し、みんなに紹介して回る。それをゲーム仕立てにした儀式。全チェックポイントのヒントが書かれた地図を渡してひとりで回ってもらう。最後に特別賞が授与される。あるテック企業とともにdスクールのクラスが考案した儀式だ。

　新メンバーは、配属初日に「宝の地図」を渡される。この地図のヒントを頼りに、チェックポイントをひとつずつ回らなければならない。ほかの人に助けを求めてもいい。地図にあるチェックポイントにたどり着いたら、そこにいる人が歓迎してくれて、さらにヒントを与えてくれる。

　無事に回り終えたら、歓迎のプレゼントがもらえる。配属初日から能動的に関わることで、同僚の顔と名前が覚えやすくなり、なにかとまごつきがちな初日にサポートを受けやすい関係性を築ける。

第3部

儀式を自分たちで
デザインする

Designing Rituals with

and for Your Teams

第 8 章

儀式デザインの
7 ステップ

A Short Guide to Designing Rituals

他社の儀式事例を読むうちに、自社の状況や目標にあう儀式を
つくりたくなってきたのではないでしょうか。
ぜひ、やってみてください。
日々の仕事や関係性がどんなによくなるか
想像するきっかけになるでしょう。

わたしたちは、4年間にわたり、
ワークショップや講義の場で儀式をデザインしてきました。
新たな儀式をつくり出す基本的プロセスは、
大きく3つの段階に分けられます。
「発見」、「デザイン」、「導入」です。

「発見」は、潜在的機会、インスピレーション、意図など、
儀式の核となりうるものを探る段階です。
次の「デザイン」段階で、実際にさまざまな要素を試してみて、
これだ、という儀式を開発します。
「導入」はその儀式がコミュニティに抵抗なく
すんなりと受け入れられ、なじむよう、
始め方を戦略的に考える段階です。

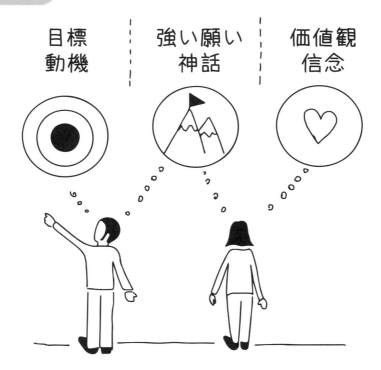

Step 1

目標
動機

強い願い
神話

価値観
信念

発見段階：意図を設定する

▶ なぜ儀式をつくる必要があるのか

　儀式の核となる意図を設定します。ぜひ実現させたいこと、あるいは具体的に表現したい気持ちは何でしょうか。あなた自身や組織の価値観、信念、目標、動機、強い願いなどが、意図のベースとして考えられます。

　よい同僚でありたい、チームのクリエイティビティを刺激したい、新しく入った人をあたたかく迎える環境をつくりたい、といったことが意図となりえます。

発見段階：トリガーを見つける

▶ 何を儀式のきっかけとするのか（具体的なタイミング、人、場所）

　トリガーとは、きっかけとなるタイミングのことで、このタイミングを意識すると儀式をしっかり
定着させられます。昇進、新製品の発表、プロジェクトの開始、意見の対立、製品の失敗など、さま
ざまなトリガーが考えられます。

　トリガーを特定したら、そこからさらに具体的な状況に絞り込んで儀式に結びつけます。週一の
定例会議、コーヒーブレイク、送別会などが考えられるでしょう。タイミングと場所を特定すること
で、儀式が定着しやすくなるのです。

デザイン段階：アイデアを出す

▶ 何が儀式の要素となりうるか

　設定した意図を形にする儀式アイデアをブレストします。できればほかの人たちにも加わってもらい、アイデアを組みあわせるのが理想です。ひらめきのヒントとして、わたしたちの研究から効果が証明されている儀式促進要素を試してみるのもいいでしょう。たとえば、社会的技術に関するイサベル・ベーンケの研究にもとづく、次のような要素があります。

1　飲食をともにする
2　特別な衣装を身につける（特に顔や頭につけるもの）
3　リズムや動きを伴う

Step 4

デザイン段階：シンボルを設定する

▶ 何がその儀式に特別感をもたらすのか

　1回めのブレスト後、その儀式を定着させるためのカギとなるタイミングや、シンボルとなるものや行動を考えます。出てきたアイデアを練り上げるうえで、次も参考になるでしょう。

1　「特別なパワーがあるモノを設定する」——儀式で使うモノに特別なパワーを持たせる。スポーツ選手なら、シューズなど。
2　「報酬を設定する」——形あるモノ、感情に訴えるもの、親睦など。
3　「カタルシスを設定する」——ネガティブな感情やエネルギーを解き放つ特定の行動など。

Step 5

デザイン段階：ストーリーに落とし込む

▶ どのように儀式を展開させていくか

　優れた儀式には、始まり、中間、終わり、というナラティブの流れがあります。アイデアを絞り込み、ひとつのストーリーに仕上げるのです。新たに考えた儀式をステップごとに絵コンテにする手もあります。本書冒頭の「儀式の原理」にもとづいて練り上げてみましょう。

1　「えも言われぬ不思議な要素」があるか。
2　設定した意図にあわせてデザインされているか。
3　象徴的な価値観を伝えているか、非日常性があるか。
4　進化の余地があるか、つまり、参加者のニーズにもとづいてストーリー要素を足し
　　引きできるか。

Step 6

導入段階：やってみる

▶ 儀式をどのようにおこなうか

　いよいよ実際にやってみて、うまくいくかどうかテストします。2度めのブレストのようなものと考えてください。ただし、頭よりも体を使うブレストです。やりながら、心地よさ、楽しさ、有意義さが感じられるよう、改良していきます。一種の即興プロジェクトと捉えて、その場で変更してかまわないのです。

　儀式を一緒に試してくれる人がいるといいでしょう。互いの呼吸がぴったりあうようになるまで、動作を繰り返します。ことばを変えて繰り返す、それから、使う小道具類も変えてみて、ぴったりくるものを探りながら改良していきます。

導入段階：体系化する

▶ どうすれば、効果ある「もの」にできるか

　上のイラストのような儀式の枠組みを用いて、儀式を整理します。必要な台本や小道具はもちろん、ストーリーの始まり、中間、終わりを詳しく記します。儀式の意図とトリガーも記入したら完成です。

　いよいよ実践を開始する際は、第2章の「儀式の始め方」(48ページ) を活用し、ほかの人たちを巻き込んで習慣化できる最適な方法を考えます。デザインした儀式が変化していくのもよしとします。ひとつの試みですから、当初計画した形では受け入れてもらえなくても、みんなで改良を加えながら、日々の仕事にしっくり来るものに変えていけばいいのです。

THANK you for ReADING
RITUALS FOR WORK!

この本を読んでくださって、
どうもありがとう！

JOIN
US
FOR
A

COFFEE
TOAST
to celebrate
THE END!

ご一緒に
「コーヒーで乾杯」して
打ち上げ！

原注

1 Amy Adkins, "Employee engagement in U.S. Stagnant in 2015," *EMPLOYEE ENGAGEMENT*, GALLUP, https://news.gallup.com/poll/188144/employee-engagement-stagnant-2015.aspx, Junuary 2016

2 Rafael Nadal, *Rafa*. New York: Hyperion, 2011.『ラファエル・ナダル自伝』ラファエル・ナダル／ジョン・カーリン著 , 渡邊玲子訳 , 実業之日本社 , 2011 年

3 Soren Kaplan, "Zipcar Doesn't Just Ask Employees to Innovate — It Shows Them How," *Harvard Business Review*, https://hbr.org/2017/02/zipcar-doesnt-just-ask-employees-to-innovate-it-shows-them-how, February 2017

4 James Heskett, *The Culture Cycle: How to Shape the Unseen Force That Transforms Performanc,*. Upper Saddle River, NJ: Pearson FT Press, 2015

5 Kursat Ozenc, "Modes of Transitions: Designing Interactive Products for Harmony and Well-being," *Design Issues,* Vol. 30, No, 2, 2014

6 Kursat Ozenc and Margaret Hagan, "Ritual Design: Crafting Team Rituals for Meaningful Organizational Change," AHFE International, 2016

7 Emile Durkheim, *The Elementary Forms of the Religious Life, trans*. J.W.Swain, London: Allen and Unwin, 1957.『宗教生活の基本形態──〈上・下巻〉』エミール・デュルケーム著 , 山﨑 亮訳 , ちくま文芸文庫 , 2014 年

8 Nicholas Hobson et al., "The Psychology of Rituals: An Integrative Review and Process-Based Framework," *Personality & Social Psychology Review*, 2017

9 Clifford Geertz, *The Interpretation of Cultures*, New York: Basic Books, 1973, at p. 112.『文化の解釈学 〈Ⅰ・Ⅱ〉』C・ギアーツ著 , 吉田禎吾／柳川啓一／中牧弘允／板橋作美訳 , 岩波書店 , 1987 年

10 Carmen Nobel, "The Power of Rituals in Life, Death, and Business," *Working Knowledge,* Harvard Business School, https://hbswk.hbs.edu/item/the-power-of-rituals-in-life-death-and-business, June 2013

11 Alison Wood Brooks et al., "Don't stop believing: Rituals improve performance by decreasing anxiety," *Behavior and Human Decision Processes*, 2016

12 Michael I. Norton and Francesca Gino, "Rituals Alleviate Grieving for Loved Ones, Lovers, and Lotteries," *Journal of Experimental Psychology: General*, Vol. 143, No. 1, 2014, at p. 266–272

13 Daniel McGinn, *Psyched Up: How the Science of Mental Preparation Can Help You Succeed*, Penguin Random House, 2017

14 Daniel McGinn, "Why You and Your Colleagues Need a Group Ritual," *Time*, https://time.com/4816939/colleagues-group-ritual/, June 2017

15 Kathleen D. Vohs, et al. "Rituals Enhance Consumption," *Psychological Science*, Volume 24. No.9, Sept 2013, at p. 1714–1721

16 Allen Ding Tian, et al. "Enacting Rituals to Improve Self-Control," *Journal of Personality and Social Psychology*, Vol. 114, 2018, at p. 851–876

17 Mason Currey, *Daily Rituals: How Artists Work*, New York: Knopf, 2013 『天才たちの日課——クリエイティブな人々の必ずしもクリエイティブでない日々』メイソン・カリー著，金原瑞人／石田文子訳，フィルムアート社，2014 年

18 Michaela Schippers and Paul van Lange, "The Psychological Benefits of Superstitious Rituals in Top Sport," ERIM Report Series Reference, 2005

19 Lisa Schirch, *Ritual and Symbol in Peacebuilding*, Kumarian Press, 2005

20 Chip and Dan Heath, *The Power of Moments*, New York: Simon & Schuster, 2017, at p. 17–39

21 Herbert Simon, *The Sciences of the Artificial*, Cambridge, MA: MIT Press, 1969.『システムの科学 第 3 版』ハーバート・A・サイモン著，稲葉元吉／吉原英樹訳，パーソナルメディア，1999 年

22 このイラストは、W. Sluckin, D. J. Hargreaves and A. M. Colman," Novelty and Human Aesthetic Preferences," 2000 を参考に作成。

23 "Peek Inside the Annual Flipboard Mockathon," Inside Flipboard, https://about.flipboard.com/inside-flipboard/peek-inside-the-annual-flipboard-mockathon/, August 2015

24 "In a creative rut? Try MIT's Mad Libs for designers," mit media lab, https://www.media.mit.edu/articles/in-a-creative-rut-try-mit-s-mad-libs-for-designers/

25 IdeaPop は Ritual Design Lab が開発した iOS のアプリだが、日本では 2024 年 3 月現在は提供されていない。詳しくは https://www.ritualdesignlab.org

26 Jonathan D. Rockoff, "Celebrating Failure in a Tough Drug Industry," *The Wall Street Journal*, https://www.wsj.com/articles/celebrating-failure-in-a-tough-drug-industry-1488568710, March 2017

27 Caroline Copley and Ben Hirschler, "For Roche CEO, celebrating failure is key to success," *Reuters*, https://www.reuters.com/article/idUSKBN0HC16M/, September 2014

28 Laura Miner, "Founding and Designing Pinterest's Internal Conference: Knit Con," https://laurabrunow.com/knit-con

29 Francesca Gino, "Need More Self-Control? Try a Simple Ritual," *Scientific American*, https://www.scientificamerican.com/article/need-more-self-control-try-a-simple-ritual/, August 2018

30 やる気を出す儀式の例は原注 2、13、14、18 の文献からも確認できる。

31 Paul Levy, "Seeing Past the Checklist," *Athena Insight*, January 2017

32 Camille Sweeney and Josh Gosfield, "11 Simple Tips For Having Great Meetings From Some Of The World's Most Productive People," *Fast Company*, https://www.fastcompany.com/3013013/11-simple-tips-for-having-great-meetings-from-some-of-the-worlds-most-productive-peop, June 2013

33 Marshall Goldsmith, "Six daily questions for winning leaders," *Dialogue*, Q1 2017

34 Kasey Fleisher Hickey, "How to take back your productivity with No Meeting Wednesday," *Wavelength*, https://wavelength.asana.com/workstyle-no-meeting-wednesdays/

35 Jason Fried, "Why work doesn't happen at work," at TEDxMidwest, October 2010

36 Rich Karlgaard and Michael S. Malone, *Team Genius*, Harper Collins, 2015.『超チーム力 ——会社が変わる シリコンバレー式組織の科学』リッチ・カールガード／マイケル・S・マローン著，濱野大道訳，ハーパーコリンズ・ジャパン，2005 年

37 Lisa Maulhardt, "Advice for new leaders in your first 100 days," https://www.sypartners.com/insights/tips-for-new-leaders/（2024 年 3 月現在はアクセスできない）

38　Alice Truong, "The oddball ways tech companies welcome you on your first day of work," *Quartz*, https://qz.com/346035/the-oddball-ways-tech-companies-welcome-you-on-your-first-day-of-work, March 2015

39　「チーム健康診断」（The Doctor Is In）はクリエイティブ・コモンズ・ライセンス（表示 - 非営利 - 継承 4.0 国際）のもと、アトラシアンの明示許諾を受けている。

40　"Design Poetics," Matter-Mind Studio, https://www.mattermindstudio.com/designpoetics（2024 年 3 月現在はアクセスできない）

41　"How Airbnb is Building its Culture Through Belonging," *Culture Amp Blog*, https://blog.cultureamp.com/how-airbnb-is-building-its-culturethrough-belonging（2024 年 3 月現在はアクセスできない）

42　Dom Price, "6 Meeting Hacks (and 1 Weird Tip) That Instantly Boost Your Credibility," *Inc.*, https://www.inc.com/dom-price/6-meeting-hacks-and-1-weird-tip-that-instantly-boost-your-credibility.html, January 2018

43　Jurgen Spangl, "Want better meetings? Meet Helmut, the rubber chicken," *Atlassian Blog*, https://www.atlassian.com/blog/inside-atlassian/why-rubber-chickens-make-better-meetings?/, April 2017

44　Maria Cristina Caballero, "Academic turns city into a social experiment," *The Harvard Gazette*, https://www.news.harvard.edu/gazette/story/2004/03/academic-turns-city-into-a-social-experiment/, March 2004

45　詳しくは https://www.atlassian.com/ja/team-playbook/plays/trade-offs この儀式はクリエイティブ・コモンズ・ライセンス（表示 - 非営利 - 継承 4.0 国際）のもと、アトラシアンの明示許諾を受けている。

46　Lauren Hamer, "How to Make Remote Team Celebrations Memorable & Merry," *Office Ninjas*, https://officeninjas.com/remote-team-celebrations-and-work-holidays/

47　Margaret Littman, "Beyond Secret Santa: Holiday Traditions That Build Teams," *Entrepreneur*, https://www.entrepreneur.com/leadership/beyond-secret-santa-holiday-traditions-that-build-teams/229391, December 2013

48　Jennifer Dennard, "Check-in Rounds: A Cultural Ritual at Medium," *The Medium Blog*, https://blog.medium.com/check-in-rounds-a-cultural-ritual-at-medium-367fbcf15050, August 2016

49　Marily Oppezzo and Daniel L. Schwartz, "Give your ideas some legs: The positive effect of walking on creative thinking," *Journal of Experimental Psychology: Learning, Memory, and Cognition*, Vol. 40, 2014, at p. 1142–1152

50　Russell Clayton, Christopher Thomas and Jack Smothers, "How to Do Walking Meetings Right," *Harvard Business Review*, August 2015.「『ウォーキング会議』が創造性も集中力も上げる」『DIAMOND ハーバード・ビジネス・レビュー』https://dhbr.diamond.jp/articles/3638, 2015 年 11 月

51　Annette Ferrara, "Why Workplace Culture Matters (And How to Build a Good One)," *IDEO Blog*, https://www.ideo.com/journal/why-workplace-culture-matters-and-how-to-build-a-good-one, June 2018

52　Kurt Varner, "Why I'm joining Dropbox," *Medium*, July 2016 クレアの旧サイト http://old.clairepedersen.com/projects/cupcake.html でも紹介されている。

53　原注 3 を参照。

謝辞

本書が出版できたのも、家族、友人、同僚の助けがあってこそです。

アメリカ、そしてトルコに住んでいる、わたしたちの家族に感謝します。特にケレムとテオマン、本当にありがとう。

この研究内容がもっと広く知られるよう励ましてくれた、スタンフォード大学dスクールのみなさん。協力企業のSAP、マイクロソフト、それに、スタンフォード大学のデザインリサーチの学生のみなさん。元同僚として協力してくれたデイヴィッド・サーキン、イサベル・ベーンケ、デフネ・シヴェレコグル、アン・マンデルほか、各教授のみなさん。

カーネギーメロン大学で転換期のデザイン研究を支えてくれた、リチャード・ブキャナン、ジョン・ジマーマン、ローリー・クレイナー各教授。おかげさまで、儀式デザインの研究につながりました。

本書のデザインに協力してくれたレイナ・タカハシ、可能性を模索する技術に目を向けさせてくれたジャスティン・ロキッツにも感謝しています。

インタビューに応じてくれた、アネット・フェラーラ、アニマ・ラヴォイ、アイシェ・バーセル、シプリアーノ・ロペス、ドム・プライス、イサベル・ベーンケ、ローラ・マイナー、リリアン・トン、マーシャル・ゴールドスミス、ニック・ホブソン。みなさんの広い心、好奇心、多大なご協力に感謝します。

2018年5月にスタンフォード大学で開催された、第1回「儀式デザインサミット」に出席してくれたみなさん。フィードバックやアイデアをありがとう。

最後に、ハミード、メティン、ベキル。この本の執筆やイラスト作画中、支えてくれてどうもありがとう。

著者紹介

クルシャット・オゼンチ
Kürşat Özenç

戦略デザインコンサルタント（SAP 研究所）、
スタンフォード大学 d スクール講師

　デザインが専門のイノベーションコンサルタント。専門家や一般人のための各種ツールやサービスを考案している。スタンフォード大学 d スクールでは「儀式デザインラボ」を率い、学生やパートナー企業とともに、個人、チーム、人型ロボットの儀式の研究をおこなっているほか、サービスデザインも教えている。

　儀式に関する研究論文が『アトランティック・マガジン』に掲載されたほか、カナダの公共ラジオでも取り上げられた。カーネギーメロン大学、サバンチ大学、中東工科大学で学位取得。トルコのカッパドキア出身。

マーガレット・ヘイガン
Margaret Hagan

リーガルデザインラボ所長（スタンフォード大学ロースクール）、d スクール講師

　法律およびデザインが専門。スタンフォード大学ロースクールの「リーガルデザインラボ」では所長を務め、アメリカの司法制度をもっと利用しやすくするための研究や啓発をおこなっている。

　シカゴ大学、スタンフォード大学、英クイーンズ大学ベルファスト、中央ヨーロッパ大学で学位取得。趣味は絵を描くこと。ペンシルバニア州ピッツバーグ出身。

もっと知りたい方へ

儀式のデザインに役立つ、
参考文献、儀式事例、
その他資料を、
このウェブサイトに
そろえています。

https://www.ritualdesignlab.org

あなたが実践している、
仕事に役立つ儀式をぜひお知らせください。
楽しみにしています。

［訳者］

齋藤 慎子　Noriko Saito

同志社大学文学部英文学科卒業。
広告業界を経て、英日、西日翻訳者、ライター。

『愛される企業』（日経 BP）、『世界一シンプルな増客マシーンの作り方』（実業之日本社）、『ザ・コピーライティング』（共訳、ダイヤモンド社）、『究極のセールスレター』（東洋経済新報社）などのビジネス書のほか、『トレバー・ノア　生まれたことが犯罪 !?』（英治出版）、『精霊に捕まって倒れる』（共訳、みすず書房）など、ノンフィクション中心の訳書多数。

● 英治出版からのお知らせ

本書に関するご意見・ご感想を E-mail（editor@eijipress.co.jp）で受け付けています。

また、英治出版ではメールマガジン、Web メディア、SNS で新刊情報や書籍に関する記事、

イベント情報などを配信しております。ぜひ一度、アクセスしてみてください。

メールマガジン：会員登録はホームページにて

Web メディア「英治出版オンライン」：eijionline.com

X / Facebook / Instagram：eijipress

「儀式」で職場が変わる

働き方をデザインするちょっとヘンな 50 のアイデア

発行日	2024 年 4 月 10 日　第 1 版　第 1 刷
著者	クルシャット・オゼンチ、マーガレット・ヘイガン
訳者	齋藤慎子（さいとう・のりこ）
発行人	原田英治
発行	英治出版株式会社
	〒 150-0022 東京都渋谷区恵比寿南 1-9-12 ピトレスクビル 4F
	電話 03-5773-0193　FAX 03-5773-0194　http://www.eijipress.co.jp
プロデューサー	齋藤さくら
スタッフ	高野達成　藤竹賢一郎　山下智也　鈴木美穂　下田理
	田中三枝　平野貴裕　上村悠也　桑江リリー　石﨑優木
	渡邉吏佐子　中西さおり　関紀子　荒金真美　廣畑達也
印刷・製本	中央精版印刷株式会社
校正	株式会社ヴェリタ
装丁	山田知子＋ chichols

トレバー・ノア 生まれたことが犯罪！？

トレバー・ノア著
齋藤慎子訳
本体 1,800 円＋税

アメリカで人気風刺ニュース番組の司会をつとめる、注目のコメディアン、トレバー・ノア。アパルトヘイト下の南アフリカで、彼の人生は「黒人の母と白人の父から生まれた」という犯罪行為からはじまった。不条理な状況をユーモアで乗り超えていく母と子の生き様を描いた物語。

ティール組織

マネジメントの常識を覆す
次世代型組織の出現

フレデリック・ラルー著
鈴木立哉訳　嘉村賢州解説
本体 2,500 円＋税

上下関係も、売上目標も、予算もない!?　従来のアプローチの限界を突破し、圧倒的な成果をあげる組織が世界中で現れている。膨大な事例研究から導かれた新たな経営手法の秘密とは。世界80万部・17カ国語に訳された新しい時代の経営論。

［新訳］HOLACRACY（ホラクラシー）

人と組織の創造性がめぐりだす
チームデザイン

ブライアン・ロバートソン著　吉原史郎監訳
瀧下哉代訳　本体 2,500 円＋税

指示・命令がなくても、誰もがパーパスに向かって動き出す！　機能中心のヒエラルキーから、自然の叡智を活かす組織構造へ。スタートアップから上場企業まで世界千社以上が実践する自律分散型メソッドのすべて。

学習する組織

システム思考で未来を創造する

ピーター・M・センゲ著
枝廣淳子、小田理一郎、中小路佳代子訳
本体 3,500 円＋税

経営の「全体」を綜合せよ。不確実性に満ちた現代、私たちの生存と繁栄の鍵となるのは、組織としての「学習能力」である──。自律的かつ柔軟に進化しつづける「学習する組織」のコンセプトと構築法を説いた世界250万部のベストセラー、待望の増補改訂・完訳版。

なぜ弱さを見せあえる組織が強いのか

すべての人が自己変革に取り組む
「発達指向型組織」をつくる

ロバート・キーガン、リサ・ラスコウ・レイヒー著
中土井僚監訳　池村千秋訳
本体 2,500 円＋税

ほとんどのビジネスパーソンが「自分の弱さを隠す仕事」に多大な労力を費やしている──。ハーバードの発達心理学と教育学の権威が見出した、激しい変化に適応し、成長し続ける組織の原則とは。自己変革のバイブル『なぜ人と組織は変われないのか』著者の続編。

PUBLISHING FOR CHANGE - Eiji Press, Inc.